WILHELM
BUSCH

Die
Bildergeschichten

WILHELM BUSCH

Die Bildergeschichten

GONDROM

© Gondrom Verlag GmbH, Bindlach 2002
Covergestaltung: Monika Kauffeld

ISBN 3-8112-2027-6

Der Umwelt zuliebe gedruckt auf chlorfrei gebleichtem Papier.

Mein Kind, es sind allhier die Dinge,
Gleichviel, ob große, ob geringe,
Im wesentlichen so verpackt,
Daß man sie nicht wie Nüsse knackt.
Wie wolltest du dich unterwinden,
Kurzweg die Menschen zu ergründen.
Du kennst sie nur von außenwärts.
Du siehst die Weste, nicht das Herz.

Aus „Schein und Sein" von Wilhelm Busch

WAS MICH BETRIFFT

Pfarrhaus in Ebergötzen

Es scheint wunderlich; aber weil andre über mich geschrieben, muß ich's auch einmal tun. Daß es ungern geschähe, kann ich dem Leser. einem tiefen Kenner auch des eigenen Herzens, nicht weismachen, daß es kurz geschieht, wird ihm eine angenehme Enttäuschung sein.

Ich bin geboren am 15. April 1832 zu Wiedensahl als der erste von sieben.

Mein Vater war Krämer; klein, kraus, rührig, mäßig und gewissenhaft; stets besorgt, nie zärtlich; zum Spaß geneigt, aber ernst gegen Dummheiten. Er rauchte beständig Pfeifen, aber, als Feind aller Neuerungen, niemals Zigarren, nahm daher auch niemals Reibhölzer, sondern blieb bei Zunder, Stahl und Stein, oder Fidibus. Jeden Abend spazierte er allein durchs Dorf; zur Nachtigallenzeit in den Wald. Meine Mutter, still, fleißig, fromm, pflegte nach dem Abendessen zu lesen. Beide lebten einträchtig und so häuslich, daß einst über zwanzig Jahre vergingen, ohne daß sie zusammen ausfuhren.

Was weiß ich denn noch aus meinem dritten Jahr? Knecht Heinrich macht schöne Flöten für mich und spielt selber auf der Maultrommel, und im Garten ist das Gras so hoch und die Erbsen sind noch höher; und hinter dem strohgedeckten Hause, neben dem Brunnen, stand ein Kübel voll Wasser, und ich sah mein Schwesterchen drin liegen, wie ein Bild unter Glas und Rahmen, und als die Mutter kam, war sie kaum noch ins Leben zu bringen. Heut (1886) wohne ich bei ihr.

Gesangbuchverse, biblische Geschichten und eine Auswahl der Märchen von Andersen waren meine früheste Lektüre.

Als ich neun Jahre alt geworden, beschloß man, mich dem Bruder meiner Mutter in Ebergötzen zu übergeben. Ich freute mich drauf; nicht ohne Wehmut. Am Abend vor der Abreise plätscherte ich mit der Hand in der Regentonne, über die ein Strauch von weißen Rosen hing, und sang Christine! Christine! versimpelt für mich hin. Früh vor Tag wurde das dicke Pommerchen in die Scherdeichsel des Leiterwagens gedrängt. Das Gepäck ist aufgeladen; als ein Hauptstück der wohlverwahrte Leib eines alten Zinkedings von Klavier, dessen lästig gespreiztes Beingestell in der Heimat blieb; ein ahnungsvolles Symbol meiner musikalischen Zukunft. Die Reisenden steigen auf: Großmutter, Mutter, vier Kinder und ein Kindermädchen, Knecht Heinrich zuletzt. Fort rumpelts durch den Schaumburger Wald. Ein Rudel Hirsche springt über den Weg; oben ziehen die Sterne; im Klavierkasten tunkt es. Nach zweimaligem Übernachten bei Verwandten wurde das Ebergötzener Pfarrhaus erreicht.

Der Onkel (jetzt über 80 und frisch) war ein stattlicher Mann, ein ruhiger Naturbeobachter und äußerst milde; nur ein einziges Mal, obwohl schon öfters verdient, gab's Hiebe; mit einem trocknen Georginenstengel; weil ich den Dorftrottel geneckt.

Gleich am Tage der Ankunft schloß ich Freundschaft mit dem Sohne des Müllers. Sie ist von Dauer gewesen. Alljährlich besuch ich ihn und schlafe noch immer sehr gut beim Rumpumpeln des Mühlwerks und dem Rauschen des Wassers.

Einen älteren Freund gewann ich in dem Wirt und Krämer des Orts. Haarig bis an die Augen und hinein in die Halsbinde und wieder heraus unter den Rockärmeln bis an die Fingernägel; angetan mit gelblichgrüner Juppe, die das hintere Mienenspiel einer blauen Hose nur selten zu bemänteln suchte; stets in ledernen Klapppantoffeln; unklar, heftig, nie einen Satz zu Ende sprechend; starker Schnupfer; geschmackvoller Blumenzüchter; dreimal vermählt; ist er mir bis zu seinem Tode ein lieber und ergötzlicher Mensch gewesen.

Bei ihm fand ich einen dicken Liederband, welcher durchgeklimpert, und viele der freireligiösen Schriften jener Zeit, die begierig verschlungen wurden.

Der Lehrer der Dorfjugend, weil nicht der meinige, hatte keine Gewalt über mich — solange er lebte. Aber er hing sich auf, fiel herunter, schnitt sich den Hals ab und wurde auf dem Kirchhof dicht unter meinem Kammerfenster begraben. Und von nun an zwang er mich allnächtlich, auch in der heißesten Sommerzeit, ganz unter der Decke zu liegen. Bei Tage ein Freigeist, bei Nacht ein Geisterseher.

Meine Studien teilten sich naturgemäß in beliebte und unbeliebte. Zu den ersten rechne ich Märchenlesen, Zeichnen, Forellenfischen und Vogelstellen. Zwischen all dem herum aber schwebte beständig das anmutige Bildnis eines blonden Kindes, dessen Neigung zu fesseln, oder um die eigene glänzen zu lassen, ein fabelhafter Reichtum, eine übernatürliche Gewandtheit und selbst die bekannte Rettung aus Feuersgefahr mit nachfolgendem Tode zu den Füßen der Geliebten sehr dringend zu wünschen schien. —

Etwa ums Jahr 45 bezogen wir die Pfarre zu Lüthorst. — Vor meinem Fenster murmelt der Bach; dicht drüben steht ein Haus; eine Schaubühne des ehelichen Zwistes; der sogenannte Hausherr spielt die Rolle des besiegten Tyrannen. Ein hübsches, natürliches Stück; zwar das Laster unterliegt, aber die Tugend triumphiert nicht. — In den Stundenplan schlich sich nun auch die Metrik ein. Die großen heimatlichen Dichter wurden gelesen; ferner Shakespeare. Zugleich fiel mir

„die Kritik der reinen Vernunft" in die Hände, die, wenn auch noch nicht ganz verstanden, doch eine Neigung erweckte, in den Laubengängen des intimeren Gehirns zu lustwandeln, wo's bekanntlich schön schattig ist.

Sechzehn Jahre alt, ausgerüstet mit einem Sonett nebst zweifelhafter Kenntnis der vier Grundrechnungsarten, erhielt ich Einlaß zur polytechnischen Schule in Hannover, allwo ich mich in der reinen Mathematik bis zu Nr. 1 mit Auszeichnung emporschwang. — Im Jahr 48 trug auch ich mein gewichtiges Kuhbein, welches nie scharf geladen werden durfte, und erkämpfte mir in der Wachtstube die bislang noch nicht geschätzten Rechte des Rauchens und des Biertrinkens; zwei Märzerrungenschaften, deren erste mutig bewahrt, deren zweite durch die Reaktion des Alters jetzt merklich verkümmert ist. —

Nachdem ich drei bis vier Jahre in Hannover gehaust, verfügte ich mich, von einem Maler ermuntert, in den Düsseldorfer Antikensaal. Unter Anwendung von Gummi, Semmel und Kreide übte und erlernte ich daselbst die beliebte Methode des Tupfens, mit der man das reizende lithographische „Korn" erzeugt. —

Von Düsseldorf geriet ich nach Antwerpen in die Malschule. — Ich wohnte am Eck der Käsbrücke bei einem Bartscherer. Er hieß Jan und sie hieß Mie. Zu gelinder Abendstunde saß ich mit ihnen vor der Haustüre, im grünen Schlafrock, die Tonpfeife im Munde; und die Nachbarn kamen auch herzu; der Korbflechter, der Uhrmacher, der Blechschläger; die Töchter in schwarzlackierten Holzschuhen. Jan und Mie waren ein zärtliches Pärchen, sie dick, er dünn; sie balbierten mich abwechselnd, verpflegten mich in einer Krankheit und schenkten mir beim Abschied in kühler Jahreszeit eine warme, rote Jacke nebst drei Orangen. — Wie war mir's traurig zu Mut, als ich voll Neigung und Dankbarkeit nach Jahren dieses Eck wieder aufsuchte, und alles war neu, und Jan und Mie gestorben, und nur der Blechschläger pickte noch in seinem alten, eingeklemmten Häuschen und sah mich trüb und verständnislos über die Brille an.

Den deutschen Künstlerverein, bestehend aus einigen Malern, aus politischen Flüchtlingen und Auswanderungsagenten, besucht ich selten, fühlte mich aber geehrt durch Aufnahme einiger Scherze in die Kneipzeitung.

In Antwerpen sah ich zum erstenmal im Leben die Werke alter Meister: Rubens, Brouwer, Teniers; später Frans Hals. Ihre göttliche Leichtigkeit der Darstellung, die nicht patzt und kratzt und schabt, diese Unbefangenheit eines guten Gewissens, welches nichts zu vertuschen braucht, dabei der stoffliche Reiz eines schimmernden Juwels haben für immer meine Liebe und Bewunderung gewonnen; und gern verzeih ich's ihnen, daß sie mich zu sehr geduckt haben, als daß ich's je recht gewagt hätte, mein Brot mit Malen zu verdienen, wie manch anderer auch. Die Versuche, freilich, sind nicht ausgeblieben; denn geschafft muß werden, und selbst der Taschendieb geht täglich auf Arbeit aus; ja, ein wohlmeinender Mitmensch darf getrost voraussetzen, daß diese Versuche, deren Resultate zumeist für mich abhanden gekommen, sich immerfort durch die Verhältnisse hindurchziehen, welche mir schließlich meinen bescheidenen Platz anwiesen.

Nach Antwerpen hielt ich mich in Wiedensahl auf. Was sich die Leute „ut ôler welt" erzählten, klang mir sonderbar ins Ohr. Ich horchte genauer. Am meisten wußte ein alter, stiller, für gewöhnlich wortkarger Mann. Einsam saß er abends im Dunkeln. Klopft ich ans Fenster, so steckte er freudig den Trankrüsel an. In der Ofenecke steht sein Sorgensitz. Rechts von der Wand langte er sich die sinnreich senkrecht im Kattunbeutel hängende kurze Pfeife, links vom Ofen den Topf voll heimischen Tabaks, und nachdem er gestopft, gesogen und Dampf gemacht, fängt er seine vom Mütterlein ererbten Geschichten an. Er erzählt gemächlich; wird's aber dramatisch, so steht er auf und wechselt den Platz, je nach den redenden Personen; wobei denn auch die Zipfelmütze, die sonst nur leis nach vorne nickte, in mannigfachen Schwung gerät.

Von Wiedensahl aus besuchte ich den Onkel in Lüthorst. Ein Liebhabertheater im benachbarten Städtchen zog mich in den angenehmen Kreis seiner Tätigkeit; aber ernsthafter fesselte mich das wundersame Leben des Bienenvolkes und der damals wogende Kampf um die Parthenogenesis, den mein Onkel als gewandter Schriftsteller und Beobachter entscheidend mit durchfocht. Der Wunsch und Plan, nach Brasilien auszuwandern, dem Eldorado der Imker, blieb unerfüllt. Daß ich überhaupt praktischer Bienenzüchter geworden, ist freundlicher Irrtum.

Bei Gelegenheit dieser naturwissenschaftlichen Liebhaberei wurde unter andern auch der Darwin gelesen, der unvergessen blieb, als ich mich nach Jahren mit Leidenschaft und Ausdauer in den Schopenhauer vertiefte. Die Begeisterung für dieselben hat etwas nachgelassen. Ihr Schlüssel scheint mir wohl zu mancherlei Türen zu passen in dem verwunschenen Schloß dieser Welt, nur nicht zur Ausgangstür. —

Von Lüthorst trieb mich der Wind nach München, wo bei der grad herrschenden akademischen Strömung das kleine, nicht eben geschickt

gesteuerte Antwerpener Schifflein gar bald auf dem Trockenen saß. —
Um so verlockender winkte der Künstlerverein. — Die Veröffentlichung der dort verübten Späße, besonders der persönlichen Verhohnhacklungen, ist mir unerwünscht. Was hilft's? Dummheiten, wenn auch vertraulich in die Welt gesetzt, werden früher oder später doch leicht ihren Vater erwischen, mag er's wollen oder nicht. —

Es kann 59 gewesen sein, als die „Fliegenden" meinen ersten Beitrag erhielten: zwei Männer auf dem Eise, von denen einer den Kopf verliert. — Ich hatte auf Holz zu erzählen. Der alte, praktische Strich stand mir wie andern zur Verfügung; die Lust am Wechselspiel der Wünsche, am Wachsen und Werden war auch bei mir vorhanden. So nahmen denn bald die kontinuierlichen Bildergeschichten ihren Anfang, welche, mit der Zeit sich unwillkürlich erweiternd, mehr Beifall gefunden, als der Verfasser erwarten durfte. Wer sie freundlich in die Hand nimmt, etwa wie Spieluhren, wird vielleicht finden, daß sie, trotz bummlichten Aussehens, doch teilweise im Leben geglüht, mit Fleiß gehämmert und nicht unzweckmäßig zusammengesetzt sind. Fast sämtlich sind sie in Wiedensahl gemacht, ohne wen zu fragen und, ausgenommen ein allegorisches Tendenzstück und einige Produkte des drängenden Ernährungstriebes, zum Selbstpläsier. Hätte jedoch die sorglos in Holzschuhen tanzende Muse den einen oder andern der würdigen Zuschauer auf die Zehe getreten, so wird das bei ländlichen Festen nicht weiter entschuldigt. Ein auffällig tugendsames Frauenzimmer ist's freilich nicht. Aber indem sie einerseits den Myrtenzweig aus der Hand des übertriebenen Wohlwollens errötend von sich ablehnt, hält sie anderseits gemütlich den verschleierten Blick eines alten Ästhetikers aus, dem bei der Bestellung des eigenen Ackers ein Stäubchen Guano ins Auge geflogen. — Man hat den Autor, den diese Muse begeistert, für einen Bücherwurm und Absonderling gehalten. Das erste ohne Grund, das zweite ein wenig mit Recht. Seine Nachlässigkeit im schriftlichen Verkehr mit Fremden ist schon mehrfach gerüchtweise mit dem Tode bestraft. Für die Gesellschaft ist er nicht genugsam dressiert, um ihre Freuden geziemend zu würdigen und behaglich genießen zu können. Zu einer Abendunterhaltung jedoch, unter vier bis höchstens sechs Augen, in einer neutralen Rauchecke, bringt er noch immer eine Standhaftigkeit mit, die kaum dem anrückenden Morgen weicht. —

So viel wollt ich von mir selber sagen. — Das Geklage über alte Bekannte hab ich schon längst den Basen anheimgestellt, und selbst über manche zu schweigen, die ich liebe und verehre, kam mir hier passend vor.

Wer grad in ein Ballett vertieft ist, wer eben seinen Namenstag mit Champagner feiert, wer zufällig seine eigenen Gedichte liest, wer Skat spielt oder Tarock, dem ist freilich geholfen.

Leider stehen diese mit Recht beliebten Mittel temporärer Erlösung nicht immer jedem zur Verfügung. Oft muß man schon froh sein, wenn nur einer, der Wind machen kann, mal einen kleinen, philosophisch angehauchten Drachen steigen läßt, aus altem Papier geklebt. Man wirft sein Bündel ab, den Wanderstab daneben, zieht den heißen Überrock des Daseins aus, setzt sich auf den Maulwurfshügel allerschärfster Betrachtung und schaut dem langgeschwänzten Dinge nach, wie's mehr und mehr nach oben strebt, sodann ein Weilchen in hoher Luft sein stolzes Wesen treibt, bis die Schnur sich verkürzt, bis es tiefer und tiefer sinkt, um schließlich matt und flach aufs dürre Stoppelfeld sich hinzulegen, von dem es aufgeflogen.

Wenigstens was mich betrifft, so mag nur einer kommen und mir beweisen, daß die Zeit und dies und das bloß ideal ist, ein angeerbtes Kopfübel, hartnäckig, inkurabel, bis der letzte Schädel ausgebrummt; er soll mich nur aufs Eis führen, seine blanken Schlittschuhe anschnallen, auf der gefrorenen Ebene seine sinnreichen Zahlen und Schnörkel beschreiben; ich will ihn gespannt begleiten, ich will ihm dankbar sein; nur darf es nicht gar so kühl werden, daß mir die Nase friert, sonst drücke ich mich lieber hinter irgendeinen greifbaren Ofen, wär es auch nur ein ganz bescheidener von schlichten Kacheln, bei dem man sich ein bissel wärmen kann.

Ja, die Zeit spinnt luftige Fäden; besonders die in Vorrat, welche wir oft weit hinausziehen in die sogenannte Zukunft, um unsere Sorgen und Wünsche aufzuhängen, wie die Tante ihre Wäsche, die der Wind zerstreut. — Als ob's mit dem Gedrängel des gegenwärtigen Augenblicks nicht grad genug wäre.

Und dann dies liebe, trauliche, teilweise grauliche, aber durchaus putzwunderliche Polterkämmerchen der Erinnerung, voll scheinbar welken, abgelebten Zeugs; das dennoch weiter wirkt, drückt, zwickt, erfreut; oft ganz, wie's ihm beliebt, nicht uns; das sitzen bleibt, obwohl nicht eingeladen, das sich empfiehlt, wenn wir es halten möchten. Ein Kämmerchen, in Fächer eingeteilt, mit weißen, roten Türen, ja selbst mit schwarzen, wo die alten Dummheiten hinter sitzen.

Vielleicht ist's grade Winter. Leise wimmeln die Flocken vor deinem Fenster nieder. Ein weißes Türchen tut sich auf. Sieh nur, wie deutlich alles dasteht; wie in einem hellerleuchteten Puppenstübchen. — Der Lichterbaum, die Rosinengirlanden, die schaumvergoldeten Äpfel und

Nüsse, die braungebackenen Lendenkerle; glückliche Eltern, selige Kinder. — Freundlich betrachtest du das Bübchen dort, denn das warst du, und wehmütig zugleich, daß nichts Besseres und Gescheiteres aus ihm geworden, als was du bist.

Mach wieder zu. — Öffne dies rote Türchen. — Ein blühendes Frauenbild. Ernst, innig schaut's dich an; als ob's noch wäre, und ist doch nichts wie ein Phantom von dem, was längst gewesen.

Laß sein. — Paß auf das schwarze Türchen. — Da rumort's hinter. — Halt zu! — Ja, schon recht; solange wie's geht. — Du kriegst, wer weiß woher, einen Stoß auf Herz, Leber, Magen oder Geldbeutel. Du läßt den Drücker los. Es kommt die stille, einsame, dunkle Nacht. Da geht's um in der Gehirnkapsel und spukt durch alle Gebeine, und du wirfst dich von dem heißen Zipfel deines Kopfkissens auf den kalten und her und hin, bis dir der Lärm des aufdämmernden Morgens wie ein musikalischer Genuß erscheint.

Nicht du, mein süßer Backfisch! Du liegst da in deinem weißen Häubchen und weißen Hemdchen, du faltest deine schlanken Finger, schließest die blauen, harmlos-träumerischen Augen und schlummerst seelenfriedlich deiner Morgenmilch mit Brötchen entgegen, und selbst deiner Klavierstunde, denn du hast fleißig geübt.

Aber ich, Madam! und Sie, Madam; und der Herr Gemahl, der abends noch Hummer ißt, man mag sagen, was man will. — Doch nur nicht ängstlich. Die bösen Menschen brauchen nicht gleich alles zu wissen. Zum Beispiel ich, ich werde mich wohl hüten; ich lasse hier nur ein paar kümmerliche Gestalten heraus, die sich so gelegentlich in meinem Gehirn eingenistet haben, als ob sie mit dazu gehörten.

Es ist Nacht in der kunst- und bierberühmten Residenz. Ich komme natürlich aus dem Wirtshause, bin aber bereits in der Vorstadt und strebe meinem einsamen Lager zu. Links die Planke, rechts der Graben. Hinter mir eine Stadt voll leerer Maßkrüge, vor mir die schwankende Nebelsilhouette eines betagten Knickebeins. Bald drückt er zärtlich die Planke, bald zieht ihn der Graben an; bis endlich die Planke, des falschen Spieles müde, ihm einen solch verächtlichen Schubs gibt, daß er dem Graben, mit Hinterlassung des linken Filzschuhs, sofort in die geschmeidigen Arme sinkt. Ich ziehe ihn heraus bei den Beinen, wie einen Schubkarrn. Er wischt sich die Ohren und wimmert kläglich: „Wissen's i siech halt nimma recht!" — Gewiß häufig eine zutreffende Ausrede für ältere Herrn in verwickelten Umständen.

Ein andermal derselbe Weg. — Vor mir ein zärtliches Pärchen. Ihr schleift, am Bändel hängend, die Schürze nach. Ich wirble sie auf mit

dem Stock und sage in gefälligem Ton: „Fräulein, Sie verlieren etwas."
Sie hört es nicht. Es ist der Augenblick vor einem Liebeskrach. Er
schlägt sie zu Boden, tritt ihr dreimal hörbar auf die Brust, und fort
ist er. — Schnell ging's. — Und was für einen sonderbaren Ton das
gibt, so ein Fußtritt auf ein weibliches Herz. Hohl, nicht hell. Nicht
Trommel, nicht Pauke. Mehr lederner Handkoffer; voll Lieb und Treu
vielleicht. — Ich gebe ihr meinen Arm, daß sie sich aufrichten und er-
holen kann; denn man ist oft gerührt und galant, ohne betrunken zu
sein.

Ein andermal ein andrer Weg. — Ein berühmter Maler hat mich zu
Mittag geladen. Stolz auf ihn und meine silbervergoldete Dose, geh
ich durch eine einsame Straße und drehe mir vorher noch eben eine
Zigarette. Hinter mir kommt wer angeschlürft; er schlürft an mir vorbei. „Ja, Bedelleit, die hat koana gern; die mag neamed." Er spricht
es leise und bescheiden. Er schaut nicht seitwärts, er schaut nicht um;
er schlürft so weiter. Hände im schwärzlichgrauen Paletot; schwärzlich-
grauer Hut im Nacken, Hose schwärzlichgrau, unten mit Fransen
dran; da, wo Hut und Paletotkragen ihre Winkel bilden, je ein Stück-
chen blasses Ohr zu sehn. Ein armer, farbloser Kerl. Schon zehn Mark
vermutlich würden ihm recht sein. Freilich — der Schneider — die Fahrt
ins Tirol — am End versäuft er's nur. — Macht nichts. Gib's ihm
halt! — Inzwischen ist er weg ums Eck, für immer unerwischbar.

Schnell eine andere Tür. — Schau, schau! — Zwischen zwei Hügeln,
mitten hindurch der Bach, das Dörflein meiner Kindheit. Vieles im
scharfen Sonnenlicht früher Eindrücke; manches überschattet von mehr
als vierzig vergangenen Jahren; einiges nur sichtbar durch den Latten-
zaun des Selbsterlebten und des Hörensagens. Alles so heiter, als hätt
es damals nie geregnet.

Aber auch hier gibt's arme Leutchen. — Es ist noch die gute, alte
Zeit, wo man den kranken Handwerksburschen über die Dorfgrenze
schiebt und sanft in den Chausseegraben legt, damit er ungeniert sterben kann; obschon der unbemittelte Tote immerhin noch einen posi-
tiven Wert hat; unter andern für den Fuhrmann, der ihn zur Anatomie
bringt.

Im Dörflein seitab, hier hinter den trüben Fensterscheiben, da sitzt
vielleicht das „Puckelriekchen". Sie spinnt und spinnt. Auf die Lebens-
freuden hat sie verzichtet. Aber drei Tage nach ihrem Tode, da wenigstens möchte sie sich mal so ein recht gemütliches Fest bereiten, nämlich
ein ehrliches Begräbnis mit heilen Gliedmaßen, im schwarzlackierten
Sarge, auf dem heimatlichen Kirchhofe. Nach dem Professor, der die

toten Leute kaputtschneidet, will sie nicht hin; und dann müßte sie sich ja auch so schämen vor den Herren Studenten, weil sie gar so klein und mager und bucklicht ist. Darum bettelt sie und sinnt und spinnt von früh bis spät. — O weh! Zu früh schneidet die Parze den Flachs- und Lebensfaden ab. Es hat nicht gelangt. Nun heißt es doch: „Hinein in die ungehobelte Kiste" und „Krischan, spann an". Und dort fährt er hin mit ihr in der frühen Dämmerung, und wer grad verreisen muß, der kann mit aufsitzen. (Das wäre was gewesen für Tante Malchen, die immer so gern per Gelegenheit fuhr!)

Der dort langsam und verdrießlich Holz sägt, das scheint der „Pariser" zu sein. „Eine kalte Winternacht" — so pflegt er auf Platt- deutsch zu sagen — „ein Grenzstein im freien Feld und eine Pulle voll Schluck, das müßte einen bequemen Tod abgeben." Oder: „Hätt ich nur erst eine Viertelstunde gehängt, mich dünkt, so wollt ich gleich mit einem um die Wette hängen, der schon eine ganzes Jahr gehängt hat." Gegen die erste Manier schützt er Geldmangel vor, gegen die zweite den bedenklichen Anfang. Er zögert und zögert und muß sich zuletzt mit einem gewöhnlichen Tode begnügen, wie er grad vor- kommt.

Hier im Hof, auf dem Steintritt vor der Tür, steht eine hübsche Frau. Sagen wir, Kreuzbänder an den Schuhen, Locken an den Schlä- fen, Schildpattkamm im Flechtennest. Ein fremder Betteljunge kommt durch die Pforte. Haare wie trockner Strohlehm; Hemd und Haut aus einem Topf gemalt; Hose geräumig, vermutlich das Geschenk eines mildtätigen Großvaters; Bettelsack mit scheinbar knolligem Inhalt; Stock einfach, zweckentsprechend. „Heut kriegst du nichts; wir haben selbst Arme genug." „So bra'r jöck de Düwel wat ower, dat je'r anne sticket!" Nach Abgabe dieses Segenswunsches entfernt er sich, um sein Sammelwerk anderweitig fortzusetzen. Nicht mit Erfolg. Hinter der Mauer hervor, bewehrt mit kurzem Spieß, tritt ihm unerwartet ein kleiner Mann entgegen, entledigt ihn, listig lächelnd, doch rücksichtslos, seiner Vorräte und zeigt ihm sodann, unter Zuhilfenahme der um- gekehrten Waffe, durch stoßweise Andeutungen auf der Kehrseite, den richtigen Weg zum Dorfe hinaus.

Dieser Wachsame und Gewaltige ist der „alte Danne". — Da er körperlich und geistig zu schwach geworden, um Tagelöhner zu sein, so hat man ihm ein Amt verliehn, mit dem Titel „Bettelvogt", und als Zeichen seiner Würde den Speer, „dat Baddelspeit". Kraft dessen ist er Herzog und Schirmherr aller einheimischen Bettler. — Er ißt „reih- rund". Er schläft nachts im Pferdestall, nachmittags, bei günstiger

Witterung, im Baumgarten hinter dem Hause. — Und hier kann man am besten eine Eigentümlichkeit an ihm beobachten, welche hauptsächlich bei alten, unbemittelten Leuten vorzukommen scheint, die versäumt haben, sich eine neues Gebiß zu kaufen. — Atmet er ein — ein lautes Schnarchen; atmet er aus — ein leises Flöten. Erst dieser alte, faltige, grauborstige Mümmelmund, hübsch weit abgerundet nach innen gezogen, dann plötzlich bei hohlen Backen hübsch zugespitzt nach außen getrieben und nur ein ganz feins Löchlein drin. — Für den Naturforscher, selbst bei häufiger Wiederholung, ein interessantes Phänomen. — Leider geht der alte Danne nur noch kurze Zeit seinen Erholungen und Amtsgeschäften nach. Es kommt so ein gewisser schöner, ausdermaßen warmer Nachmittag. Zwei flachsköpfige Buben, sehr bewandert in Obstangelegenheiten, besuchen grad zufällig in einem schattigen Garten einen berühmten Sommerbirnenbaum, um eben mal nachzusehen, wie die Sachen da liegen. — Der alte Danne liegt darunter. — Speer im Arm; still, bleich, gradausgestreckt; die Augen starr nach oben in die vollen Birnen gerichtet; Mund offen; zwei Fliegen kriechen aus und ein. Der alte Danne ist tot. — Und schlau hat er's abgepaßt, denn der neue Kirchhof wird nächstens eingeweiht. Er kommt noch auf den alten und kann ruhig weiter liegen, ohne von später kommenden Schlafgästen gestört zu werden. — Eine geschmackvolle Garnitur von Brennesseln steht um sein Grab herum. —

Ja, mein guter, wohlsituierter und lebendiger Leser! So muß man überall bemerken, daß es Verdrießlichkeiten gibt in dieser Welt und daß überall gestorben wird. Du aber sei froh. Du stehst noch da, wie selbstverständlich, auf deiner angestammten Erde. Und wenn du dann dahinwandelst, umbraust von den ahnungsvollen Stürmen des Frühlings, und deine Seele schwillt mutig auf, als solltest du ewig leben; wenn dich der wonnige Sommer umblüht und die liebevollen Vöglein in allen Zweigen singen; wenn deine Hand im goldenen Herbst die wallenden Ähren streift; wenn zur hellglänzenden Winterzeit dein Fuß über blitzende Diamanten knistert — hoch über dir die segensreiche Sonne oder der unendliche Nachthimmel voll winkender Sterne — und doch, durch all die Herrlichkeit hindurch, allgegenwärtig, ein feiner, peinlicher Duft, ein leiser, zitternder Ton — und wenn du dann nicht so was wie ein heiliger Franziskus bist — sondern wenn du wohlgemut nach Hause gehst zum gutgekochten Abendschmaus und zwinkerst deiner reizenden Nachbarin zu und kannst schäkern und lustig sein, als ob sonst nichts los wäre, dann darf man dich wohl einen recht natürlichen und unbefangenen Humoristen nennen.

Fast wir alle sind welche. — Auch du, mein kleines, drolliges Hänschen, mit deinem Mums, deiner geschwollenen Backe, wie du mich anlächelst durch Tränen aus deinem dicken, blanken, schiefen Gesicht heraus, auch du bist einer; und wirst du vielleicht später mal gar ein Spaßvogel von Metier, der sich berufen fühlt, unsere ohnehin schon große Heiterkeit noch künstlich zu vermehren, so komm nur zu uns, guter Hans; wir werden dir gern unsere alten Anekdoten erzählen, denn du bist es wert.

„Ahem! — Wie war denn das Diner bei dem berühmten Maler?" so unterbrichst du mich, mein Wertester mit dem Doppelkinn. Nun! Kurz aber gut; Wein süperb; Schnepfen exquisit. — Doch ich sehe, du hast dich gelangweilt. Das beleidigt mich. Aber ich bin dir unverwüstlich gut. Ich werde sonstwie für dich sorgen; ich verweise dich auf den vielsagenden Ausspruch eines glaubwürdigen Blattes. „Il faut louer Busch pour ce qu'il a fait, et pour ce qu'il n'a pas fait." Wohlan, mein Freund! Wende deinen Blick von links nach rechts, und vor dir ausgebreitet liegt das gelobte Land aller guten Dinge, die ich nicht gemacht habe.

Liebst du herz- und sonnenwarme Prosa, lies Werther. — Suchst du unverwelklichen Scherz, der wohl dauern wird, solange noch eine sinnende Stirn über einem lachenden Munde sitzt, begleite den Ritter von der Mancha auf seinen ruhmreichen Fahrten. — Willst du in einem ganzen Spiegel sehn, nicht in einer Scherbe, wie Menschen jeder Sorte sich lieben, necken, raufen, bis jeder sein ordnungsmäßiges Teil gekriegt, schlag Shakespeare auf. — Trägst du Verlangen nach entzückend mutiger Farbenlust, stelle dich vor das Flügelbild Peterpauls in der Scheldestadt und laß dich anglänzen von der jungfräulichen Mutter mit dem Kinde. — Oder sehnst du dich mehr nach den feierlichen Tönen einer durchleuchteten Dämmerung, besuch den heiligen Vater in seinem beneidenswerten Gefängnis und schau den Sebastian an. — Und ist dir auch das noch nicht hinreichend, so zieh meinetwegen an den Arno, wo eine gedeckte Brücke zwei wundersame Welten der Kunst verbindet.

Damit, denk ich, wirst du für acht Tage genug haben, und wärst du so genußfähig wie ein Londoner Schneidermeister auf Reisen.

MAX UND MORITZ

Eine Bubengeschichte

in sieben Streichen

Vorwort

Ach, was muß man oft von bösen
Kindern hören oder lesen!!
Wie zum Beispiel hier von diesen,
Welche Max und Moritz hießen;

Die, anstatt durch weise Lehren
Sich zum Guten zu bekehren,
Oftmals noch darüber lachten
Und sich heimlich lustig machten. —
— Ja, zur Übeltätigkeit,
Ja, dazu ist man bereit! —
— Menschen necken, Tiere quälen,
Äpfel, Birnen, Zwetschen stehlen — —
Das ist freilich angenehmer
Und dazu auch viel bequemer,
Als in Kirche oder Schule
Festzusitzen auf dem Stuhle. —
— Aber wehe, wehe, wehe!
Wenn ich auf das Ende sehe!! —
— Ach, das war ein schlimmes Ding,
Wie es Max und Moritz ging.
— Drum ist hier, was sie getrieben,
Abgemalt und aufgeschrieben.

Erster Streich

Mancher gibt sich viele Müh'
Mit dem lieben Federvieh;
Einesteils der Eier wegen,
Welche diese Vögel legen,
Zweitens: weil man dann und wann
Einen Braten essen kann;
Drittens aber nimmt man auch
Ihre Federn zum Gebrauch
In die Kissen und die Pfühle,
Denn man liegt nicht gerne kühle. —

Seht, da ist die Witwe Bolte,
Die das auch nicht gerne wollte.

Ihrer Hühner waren drei
Und ein stolzer Hahn dabei. —

Max und Moritz dachten nun:
Was ist hier jetzt wohl zu tun? —
— Ganz geschwinde, eins, zwei, drei,
Schneiden sie sich Brot entzwei,

In vier Teile, jedes Stück
Wie ein kleiner Finger dick.
Diese binden sie an Fäden,
Übers Kreuz, ein Stück an jeden,
Und verlegen sie genau
In den Hof der guten Frau. —
Kaum hat dies der Hahn gesehen,
Fängt er auch schon an zu krähen:

Kikeriki! Kikikerikih!! —
Tak, tak, tak! — da kommen sie.

Hahn und Hühner schlucken munter
Jedes ein Stück Brot hinunter;

Aber als sie sich besinnen,
Konnte keines recht von hinnen.

In die Kreuz und in die Quer
Reißen sie sich hin und her,

Flattern auf und in die Höh',
Ach herrje, herrjemine!

Ach, sie bleiben an dem langen,
Dürren Ast des Baumes hangen. —
— Und ihr Hals wird lang und länger,
Ihr Gesang wird bang und bänger;

Jedes legt noch schnell ein Ei,
Und dann kommt der Tod herbei. —

Witwe Bolte in der Kammer
Hört im Bette diesen Jammer;

Ahnungsvoll tritt sie heraus:
Ach, was war das für ein Graus!

„Fließet aus dem Aug', ihr Tränen!
All mein Hoffen, all mein Sehnen,
Meines Lebens schönster Traum
Hängt an diesem Apfelbaum!!"

Tiefbetrübt und sorgenschwer
Kriegt sie jetzt das Messer her;
Nimmt die Toten von den Strängen,
Daß sie so nicht länger hängen,

Und mit stummem Trauerblick
Kehrt sie in ihr Haus zurück. —

Dieses war der erste Streich,
Doch der zweite folgt sogleich.

Zweiter Streich

Als die gute Witwe Bolte
Sich von ihrem Schmerz erholte,
Dachte sie so hin und her,
Daß es wohl das beste wär',
Die Verstorb'nen, die hienieden
Schon so frühe abgeschieden,
Ganz im stillen und in Ehren
Gut gebraten zu verzehren. —
— Freilich war die Trauer groß,
Als sie nun so nackt und bloß
Abgerupft am Herde lagen,
Sie, die einst in schönen Tagen
Bald im Hofe, bald im Garten
Lebensfroh im Sande scharrten. —

Ach, Frau Bolte weint aufs neu,
Und der Spitz steht auch dabei. —

Max und Moritz rochen dieses;
„Schnell aufs Dach gekrochen!" hieß es.

Durch den Schornstein mit Vergnügen
Sehen sie die Hühner liegen,
Die schon ohne Kopf und Gurgeln
Lieblich in der Pfanne schmurgeln. —

Eben geht mit einem Teller
Witwe Bolte in den Keller,

Daß sie von dem Sauerkohle
Eine Portion sich hole,
Wofür sie besonders schwärmt,
Wenn er wieder aufgewärmt. —

— Unterdessen auf dem Dache
Ist man tätig bei der Sache.
Max hat schon mit Vorbedacht
Eine Angel mitgebracht. —

Schnupdiwup! da wird nach oben
Schon ein Huhn heraufgehoben.
Schnupdiwup! jetzt Numro zwei;
Schnupdiwup! jetzt Numro drei;

Und jetzt kommt noch Numro vier:
Schnupdiwup! dich haben wir!! —
Zwar der Spitz sah es genau,
Und er bellt: Rawau! Rawau!

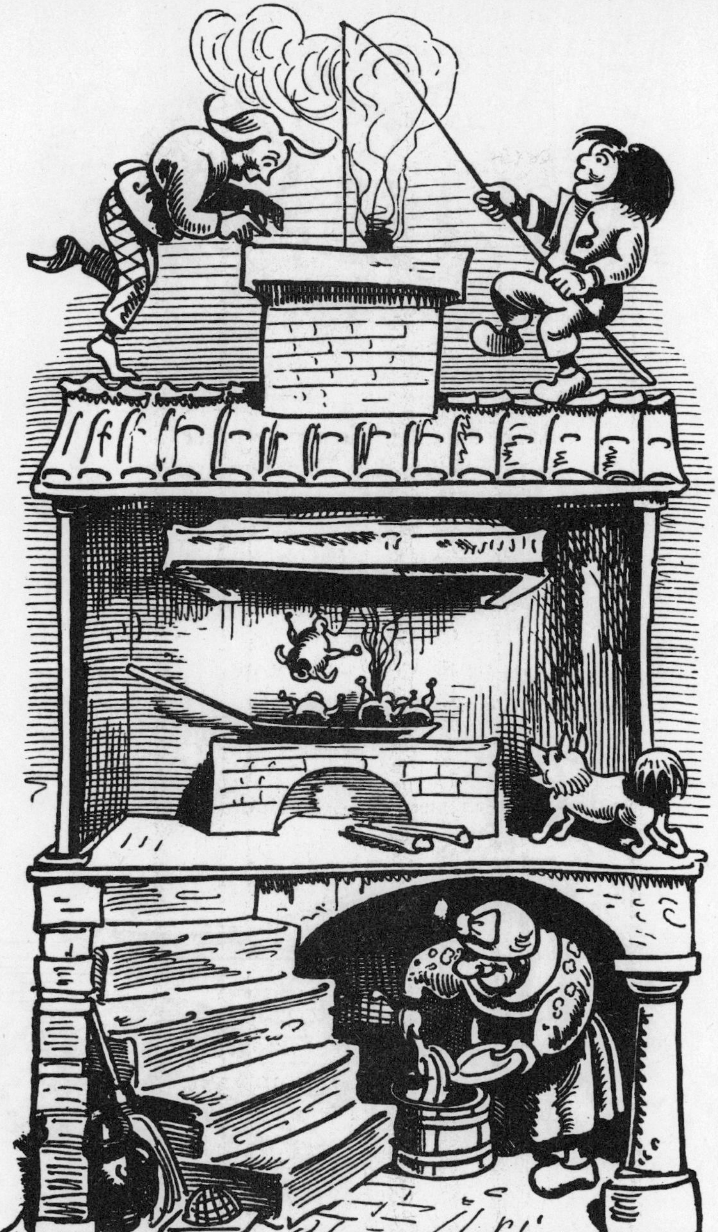

Aber schon sind sie ganz munter
Fort und von dem Dach herunter. —
— Na! Das wird Spektakel geben,
Denn Frau Bolte kommt soeben;
Angewurzelt stand sie da,
Als sie nach der Pfanne sah.

Alle Hühner waren fort —
„Spitz!!" — das war ihr erstes Wort. —

„Oh, du Spitz, du Ungetüm!!
Aber wart! ich komme ihm!!!"
Mit dem Löffel, groß und schwer,
Geht es über Spitzen her;

Laut ertönt sein Wehgeschrei,
Denn er fühlt sich schuldenfrei. —

— Max und Moritz im Verstecke
Schnarchen aber an der Hecke
Und vom ganzen Hühnerschmaus
Guckt nur noch ein Bein heraus.

Dieses war der zweite Streich,
Doch der dritte folgt sogleich.

Dritter Streich

Jedermann im Dorfe kannte
Einen, der sich Böck benannte. —

— Alltagsröcke, Sonntagsröcke,
Lange Hosen, spitze Fräcke,
Westen mit bequemen Taschen,
Warme Mäntel und Gamaschen —
Alle diese Kleidungssachen
Wußte Schneider Böck zu machen. —
Oder wäre was zu flicken,
Abzuschneiden, anzustücken,
Oder gar ein Knopf der Hose
Abgerissen oder lose —
Wie und wo und was es sei,
Hinten, vorne, einerlei —
Alles macht der Meister Böck,
Denn das ist sein Lebenszweck. —
— Drum so hat in der Gemeinde
Jedermann ihn gern zum Freunde. —
— Aber Max und Moritz dachten,
Wie sie ihn verdrießlich machten. —

Nämlich vor des Meisters Hause
Floß ein Wasser mit Gebrause.

Übers Wasser führt ein Steg
Und darüber geht der Weg. —

Max und Moritz, gar nicht träge,
Sägen heimlich mit der Säge,
Ritzeratze! voller Tücke,
In die Brücke eine Lücke. —

Als nun diese Tat vorbei,
Hört man plötzlich ein Geschrei:

„He, heraus! du Ziegen-Böck!
Schneider, Schneider, meck, meck, meck!!" —
— Alles konnte Böck ertragen,
Ohne nur ein Wort zu sagen;
Aber wenn er dies erfuhr,
Ging's ihm wider die Natur.

Schnelle springt er mit der Elle
Über seines Hauses Schwelle,
Denn schon wieder ihm zum Schreck
Tönt ein lautes: „Meck, meck, meck!!"

Und schon ist er auf der Brücke,
Kracks! die Brücke bricht in Stücke;

Wieder tönt es: „Meck, meck, meck!"
Plumps! Da ist der Schneider weg!

Grad als dieses vorgekommen,
Kommt ein Gänsepaar geschwommen,
Welches Böck in Todeshast
Krampfhaft bei den Beinen faßt.

Beide Gänse in der Hand,
Flattert er auf trocknes Land. —

Übrigens bei alle dem
Ist so etwas nicht bequem;

Wie denn Böck von der Geschichte
Auch das Magendrücken kriegte.

Hoch ist hier Frau Böck zu preisen!
Denn ein heißes Bügeleisen,
Auf den kalten Leib gebracht,
Hat es wieder gut gemacht. —

— Bald im Dorf hinauf, hinunter,
Hieß es: Böck ist wieder munter!!

Dieses war der dritte Streich,
Doch der vierte folgt sogleich.

Vierter Streich

Also lautet ein Beschluß:
Daß der Mensch was lernen muß. —
— Nicht allein das A-B-C
Bringt den Menschen in die Höh';
Nicht allein im Schreiben, Lesen
Übt sich ein vernünftig Wesen;
Nicht allein in Rechnungssachen
Soll der Mensch sich Mühe machen;
Sondern auch der Weisheit Lehren
Muß man mit Vergnügen hören. —

Daß dies mit Verstand geschah,
War Herr Lehrer Lämpel da. —

— Max und Moritz, diese beiden,
Mochten ihn darum nicht leiden;
Denn wer böse Streiche macht,
Gibt nicht auf den Lehrer acht. —

Nun war dieser brave Lehrer
Von dem Tobak ein Verehrer,
Was man ohne alle Frage
Nach des Tages Müh und Plage
Einem guten, alten Mann
Auch von Herzen gönnen kann. —

— Max und Moritz, unverdrossen,
Sinnen aber schon auf Possen,
Ob vermittelst seiner Pfeifen
Dieser Mann nicht anzugreifen. —

— Einstens, als es Sonntag wieder
Und Herr Lämpel brav und bieder
In der Kirche mit Gefühle
Saß vor seinem Orgelspiele,

Schlichen sich die bösen Buben
In sein Haus und seine Stuben,
Wo die Meerschaumpfeife stand;
Max hält sie in seiner Hand;

Aber Moritz aus der Tasche
Zieht die Flintenpulverflasche,
Und geschwinde, stopf, stopf, stopf!
Pulver in den Pfeifenkopf. —
Jetzt nur still und schnell nach Haus,
Denn schon ist die Kirche aus. —

—Eben schließt in sanfter Ruh'
Lämpel seine Kirche zu;

Und mit Buch und Notenheften,
Nach besorgten Amtsgeschäften,

Lenkt er freudig seine Schritte
Zu der heimatlichen Hütte,

Und voll Dankbarkeit sodann,
Zündet er sein Pfeifchen an.

„Ach!" — spricht er — „die größte Freud'
Ist doch die Zufriedenheit!! —"

Rums!! — Da geht die Pfeife los
Mit Getöse, schrecklich groß.
Kaffeetopf und Wasserglas,

Tabaksdose, Tintenfaß,
Ofen, Tisch und Sorgensitz —
Alles fliegt im Pulverblitz. —

Als der Dampf sich nun erhob,
Sieht man Lämpel, der — gottlob!
Lebend auf dem Rücken liegt;
Doch er hat was abgekriegt.

Nase, Hand, Gesicht und Ohren
Sind so schwarz als wie die Mohren,
Und des Haares letzter Schopf
Ist verbrannt bis auf den Kopf. —

Wer soll nun die Kinder lehren
Und die Wissenschaft vermehren?
Wer soll nun für Lämpel leiten
Seine Amtestätigkeiten?
Woraus soll der Lehrer rauchen,
Wenn die Pfeife nicht zu brauchen??

Mit der Zeit wird alles heil,
Nur die Pfeife hat ihr Teil.

Dieses war der vierte Streich,
Doch der fünfte folgt sogleich.

Fünfter Streich

Wer im Dorfe oder Stadt
Einen Onkel wohnen hat,
Der sei höflich und bescheiden,
Denn das mag der Onkel leiden. —
— Morgens sagt man: „Guten Morgen!
Haben Sie was zu besorgen?"
Bringt ihm, was er haben muß:
Zeitung, Pfeife, Fidibus. —
Oder sollt' es wo im Rücken
Drücken, beißen oder zwicken,
Gleich ist man mit Freudigkeit
Dienstbeflissen und bereit. —
Oder sei's nach einer Prise,
Daß der Onkel heftig niese,
Ruft man: „Prosit!" allsogleich,
„Danke, wohl bekomm' es Euch!" —
Oder kommt er spät nach Haus,
Zieht man ihm die Stiefel aus,
Holt Pantoffel, Schlafrock, Mütze,
Daß er nicht im Kalten sitze —
Kurz, man ist darauf bedacht,
Was dem Onkel Freude macht. —

— Max und Moritz ihrerseits
Fanden darin keinen Reiz. —
— Denkt euch nur, welch' schlechten Witz
Machten sie mit Onkel Fritz! —

Jeder weiß, was so ein Mai-
Käfer für ein Vogel sei.
In den Bäumen hin und her
Fliegt und kriecht und krabbelt er.

Max und Moritz, immer munter,
Schütteln sie vom Baum herunter.

In die Tüte von Papiere
Sperren sie die Krabbeltiere. —

Fort damit, und in die Ecke
Unter Onkel Fritzens Decke!

Bald zu Bett geht Onkel Fritze
In der spitzen Zippelmütze;

Seine Augen macht er zu,
Hüllt sich ein und schläft in Ruh.

Doch die Käfer, kritze, kratze!
Kommen schnell aus der Matratze.

Schon faßt einer, der voran,
Onkel Fritzens Nase an.

„Bau!!" schreit er — „Was ist das hier?!!"
Und erfaßt das Ungetier.

Und den Onkel, voller Grausen,
Sieht man aus dem Bette sausen.

„Autsch!!" — Schon wieder hat er einen
Im Genicke, an den Beinen;

Hin und her und rund herum
Kriecht es, fliegt es mit Gebrumm.

Onkel Fritz, in dieser Not,
Haut und trampelt alles tot.

Guckste wohl! Jetzt ist's vorbei
Mit der Käferkrabbelei!!

Onkel Fritz hat wieder Ruh'
Und mach seine Augen zu.

Dieses war der fünfte Streich,
Doch der sechste folgt sogleich.

Sechster Streich

In der schönen Osterzeit,
Wenn die frommen Bäckersleut'
Viele süße Zuckersachen
Backen und zurechte machen,
Wünschten Max und Moritz auch
Sich so etwas zum Gebrauch. —

Doch der Bäcker, mit Bedacht,
Hat das Backhaus zugemacht.

Also, will hier einer stehlen,
Muß er durch den Schlot sich quälen. —

Ratsch!! — Da kommen die zwei Knaben
Durch den Schornstein, schwarz wie Raben.

Puff! — Sie fallen in die Kist',
Wo das Mehl darinnen ist.

Da! Nun sind sie alle beide
Rund herum so weiß wie Kreide.

Aber schon mit viel Vergnügen
Sehen sie die Brezeln liegen.

Knacks!! — Da bricht der Stuhl entzwei.

Schwapp!! — Da liegen sie im Brei.

Ganz von Kuchenteig umhüllt
Stehn sie da als Jammerbild. —

Gleich erscheint der Meister Bäcker
Und bemerkt die Zuckerlecker.

Eins, zwei, drei! — eh' man's gedacht,
Sind zwei Brote draus gemacht.

In dem Ofen glüht es noch —
Ruff!! — damit ins Ofenloch!

Ruff!! Man zieht sie aus der Glut;
Denn nun sind sie braun und gut. —

Jeder denkt: „die sind perdü!"
Aber nein! — noch leben sie! —

Knusper knasper! — Wie zwei Mäuse
Fressen sie durch das Gehäuse;

Und der Meister Bäcker schrie:
„Ach herrje! da laufen sie!!" —

Dieses war der sechste Streich,
Doch der letzte folgt sogleich.

Letzter Streich

Max und Moritz, wehe euch!
Jetzt kommt euer letzter Streich! —

Wozu müssen auch die beiden
Löcher in die Säcke schneiden?? —

— Seht, da trägt der Bauer Mecke
Einen seiner Maltersäcke. —

Aber kaum, daß er von hinnen,
Fängt das Korn schon an zu rinnen.

Und verwundert steht und spricht er:
"Zapperment! Dat Ding werd lichter!"

Hei! Da sieht er voller Freude
Max und Moritz im Getreide.

Rabs!! — In seinen großen Sack
Schaufelt er das Lumpenpack.

Max und Moritz wird es schwüle,
Denn nun geht es nach der Mühle. —

„Meister Müller, he, heran!
Mahl' er das, so schnell er kann!"

„Her damit!!" Und in den Trichter
Schüttelt er die Bösewichter. —

Rickeracke! Rickeracke!
Geht die Mühle mit Geknacke.

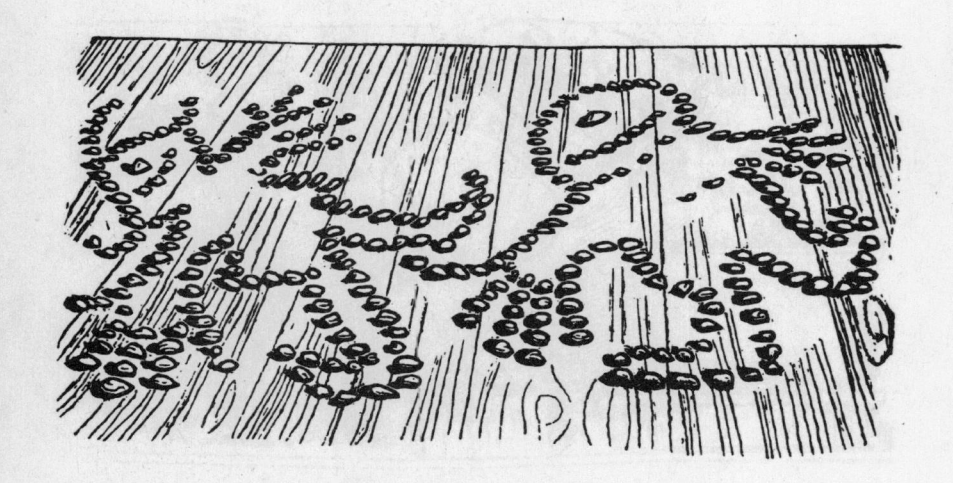

Hier kann man sie noch erblicken
Fein geschroten und in Stücken.

Doch sogleich verzehret sie
Meister Müllers Federvieh.

Schluß

Als man dies im Dorf erfuhr,
War von Trauer keine Spur.
Witwe Bolte, mild und weich,
Sprach: „Sieh da, ich dacht es gleich!"
„Ja, ja, ja!" rief Meister Böck,
„Bosheit ist kein Lebenszweck!"
Drauf, so sprach Herr Lehrer Lämpel:
„Dies ist wieder ein Exempel!"
„Freilich!" meint der Zuckerbäcker,
„Warum ist der Mensch so lecker?!"
Selbst der gute Onkel Fritze
Sprach: „Das kommt von dumme Witze!"
Doch der brave Bauersmann
Dachte: „Wat geiht meck dat an?!"
Kurz, im ganzen Ort herum
Ging ein freudiges Gebrumm:
„Gott sei Dank! Nun ist's vorbei
Mit der Übeltäterei!!"

DIE
FROMME HELENE

ERSTES KAPITEL

Lenchen kommt auf's Land

Wie der Wind in Trauerweiden
Tönt des frommen Sängers Lied,
Wenn er auf die Lasterfreuden
In den großen Städten sieht.

Ach, die sittenlose Presse!
Tut sie nicht in früher Stund
All die sündlichen Exzesse
Schon den Bürgersleuten kund?!

Offenbach ist im Thalia,
Hier sind Bälle, da Konzerts.
Annchen, Hannchen und Maria
Hüpft vor Freuden schon das Herz.

Kaum trank man die letzte Tasse,
Putzt man schon den ird'schen Leib.
Auf dem Walle, auf der Gasse
Wimmelt man zum Zeitvertreib.

Wie sie schauen, wie sie grüßen!
Hier die zierlichen Mosjös,
Dort die Damen mit den süßen,
Himmlisch hohen Prachtpopös.

Und der Jud mit krummer Ferse,
Krummer Nas' und krummer Hos'
Schlängelt sich zur hohen Börse
Tiefverderbt und seelenlos.

Schweigen will ich von Lokalen,
Wo der Böse nächtlich praßt,
Wo im Kreis der Liberalen
Man den Heil'gen Vater haßt.

Schweigen will ich von Konzerten,
Wo der Kenner hoch entzückt
Mit dem seelenvoll-verklärten
Opernglase um sich blickt,

Wo mit weichen Wogebusen
Man schön warm beisammen sitzt,
Wo der hehre Chor der Musen,
Wo Apollo selber schwitzt.

Schweigen will ich vom Theater,
Wie von da, des Abends spät,
Schöne Mutter, alter Vater
Arm in Arm nach Hause geht.

Zwar man zeuget viele Kinder,
Doch man denket nichts dabei.
Und die Kinder werden Sünder,
Wenn's den Eltern einerlei.

„Komm Helenchen!" sprach der brave
Vormund — „Komm, mein liebes Kind!
Komm aufs Land, wo sanfte Schafe
Und die frommen Lämmer sind.

Da ist Onkel, da ist Tante,
Da ist Tugend und Verstand,
Da sind deine Anverwandte!"
So kam Lenchen auf das Land.

ZWEITES KAPITEL

Des Onkels Nachthemd

„Helene!" — sprach der Onkel Nolte —
„Was ich schon immer sagen wollte!
Ich warne dich als Mensch und Christ:
Oh, hüte dich vor allem Bösen!
Es macht Pläsier, wenn man es ist,
Es macht Verdruß, wenn man's gewesen!"

„Ja, leider!" — sprach die milde Tante —
„So ging es vielen, die ich kannte!
Drum soll ein Kind die weisen Lehren
Der alten Leute hochverehren!
Die haben alles hinter sich
Und sind, gottlob! recht tugendlich!
Nun gute Nacht! Es ist schon späte!
Und, gutes Lenchen, bete! bete!"

Helene geht. — Und mit Vergnügen
Sieht sie des Onkels Nachthemd liegen.

Die Nadel her, so schnell es geht!
Und Hals und Ärmel zugenäht!

Darauf begibt sie sich zur Ruh
Und deckt sich warm und fröhlich zu.

Bald kommt der Onkel auch herein
Und scheint bereits recht müd zu sein.

Erst nimmt er seine Schlummerprise,
Denn er ist sehr gewöhnt an diese.

Und nun vertauscht er mit Bedacht
Das Hemd des Tags mit dem der Nacht.

Doch geht's nicht so, wie er wohl möcht,
Denn die Geschichte will nicht recht.

„Potztausend, das ist wunderlich!"
Der Onkel Nolte ärgert sich.

Er ärgert sich, doch hilft es nicht.
Ja siehste wohl! Da liegt das Licht!

Stets größer wird der Ärger nur,
Es fällt die Dose und die Uhr.

Rack! — Stößt er an den Tisch der Nacht,
Was einen großen Lärm gemacht.

Hier kommt die Tante mit dem Licht. —
Der Onkel hat schon Luft gekriegt.

„Oh, sündenvolle Kreatur!
Dich mein ich dort! — Ja, schnarche nur!"

Helene denkt: „Dies will ich nun
Auch ganz gewiß nicht wieder tun."

DRITTES KAPITEL

Vetter Franz

Helenchen wächst und wird gescheit
Und trägt bereits ein langes Kleid. —

„Na, Lene! hast du's schon vernommen?
Der Vetter Franz ist angekommen."
So sprach die Tante früh um achte,
Indem sie grade Kaffee machte.
„Und hörst du, sei fein hübsch manierlich
Und zeige dich nicht ungebührlich,
Und sitz' bei Tische nicht so krumm
Und gaffe nicht soviel herum.
Und ganz besonders muß ich bitten:
Das Grüne, was so ausgeschnitten —
Du ziehst mir nicht das Grüne an,
Weil ich's nun mal nicht leiden kann."

„Ei!" — denkt Helene — „Schläft er noch?"
Und schaut auch schon durchs Schlüsselloch.

Der Franz, ermüdet von der Reise,
Liegt tief versteckt im Bettgehäuse.

„Ah, ja, ja, jam!" — so gähnt er eben —
„Es wird wohl Zeit, sich zu erheben

Und sich allmählich zu bequemen,
Die Morgenwäsche vorzunehmen."

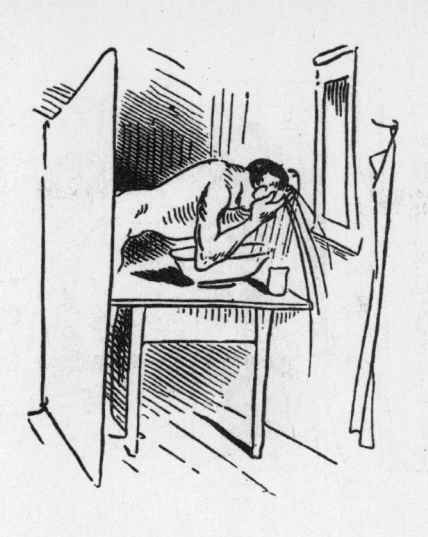

Zum ersten: ist es mal so schicklich,

Zum zweiten: ist es sehr erquicklich;

Zum dritten: ist man sehr bestaubt

Und viertens: soll man's überhaupt,

Denn fünftens: ziert es das Gesicht

Und schließlich: schaden tut's mal nicht.

Wie fröhlich ist der Wandersmann,
Zieht er das reine Hemd sich an.

Und neugestärkt und friedlich-heiter
Bekleidet er sich emsig weiter.

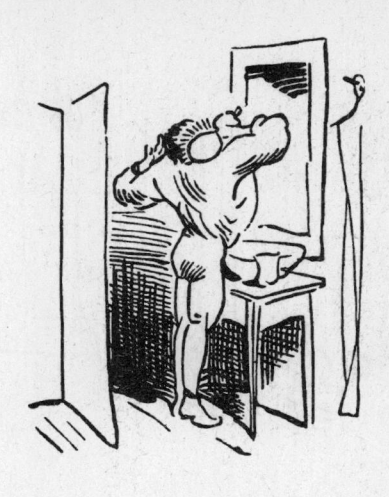

Und erntet endlich stillerfreut

Die Früchte seiner Reinlichkeit.

Jetzt steckt der Franz die Pfeife an,
Helene eilt, so schnell sie kann.

Plemm!! — Stößt sie an die alte Brause,
Die oben steht im Treppenhause.

Sie kommt auf Hannchen hergerollt,
Die Franzen's Stiefel holen wollt.

Die Lene rutscht, es rutscht die Hanne;
Die Tante trägt die Kaffeekanne.

Da geht es klirr! und klipp! und klapp!
Und auch der Onkel kriegt was ab.

VIERTES KAPITEL

Der Frosch

Der Franz, ein Schüler hochgelehrt,
Macht sich gar bald beliebt und wert.
So hat er einstens in der Nacht
Beifolgendes Gedicht gemacht:

Als ich so von ungefähr
Durch den Wald spazierte,
Kam ein bunter Vogel, der
Pfiff und quinquilierte.

Was der bunte Vogel pfiff,
Fühle und begreif' ich:
Liebe ist der Inbegriff,
Auf das andre pfeif' ich.

Er schenkt's Helenen, die darob
Gar hocherfreut und voller Lob.

Und Franz war wirklich angenehm,
Teils dieserhalb, teils außerdem.

Wenn in der Küche oder Kammer
Ein Nagel fehlt — Franz holt den Hammer!

Wenn man den Kellerraum betritt,
Wo's öd und dunkel — Franz geht mit!

Wenn man nach dem Gemüse sah
In Feld und Garten — Franz ist da! —

Oft ist z. B. an den Stangen
Die Bohne schwierig zu erlangen.

Franz aber faßt die Leiter an,
Daß Lenchen ja nicht fallen kann.

Und ist sie dann da oben fertig —
Franz ist zur Hilfe gegenwärtig.

Kurzum! Es sei nun, was es sei —
Der Vetter Franz ist gern dabei.

Indessen ganz insonderheit
Ist er voll Scherz und Lustbarkeit.

Schau, schau! Da schlupft und hupft im Grün
Ein Frosch herum! — Gleich hat er ihn!

Und setzt ihn heimlich nackt und bloß
In Nolten seine Tobaksdos'.

Wie nun der sanfte Onkel Nolte
Sich eine Prise schöpfen wollte —

Hucks da! Mit einem Satze saß
Der Frosch an Nolten seiner Nas'.

Platsch! Springt er in die Tasse gar,
Worin noch schöner Kaffee war.

Schlupp! Sitzt er in der Butterbemme
Ein kleines Weilchen in der Klemme.

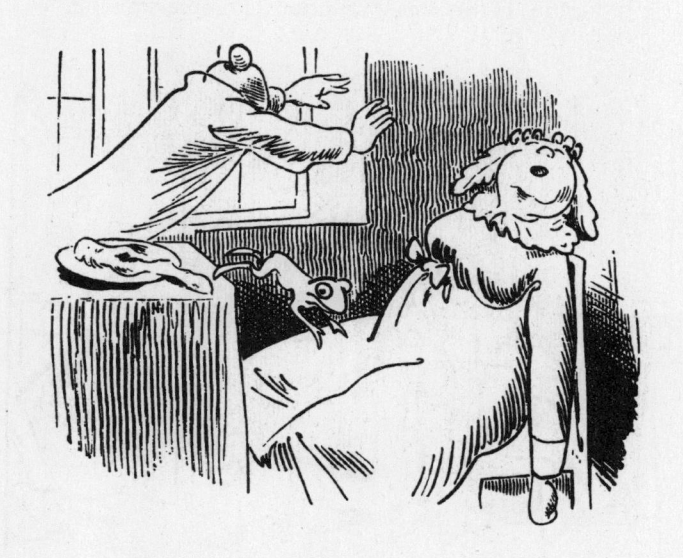

Putsch!! — Ach, der Todesschreck ist groß!
Er hupft in Tante ihren Schoß.

Der Onkel ruft und zieht die Schelle:
„He, Hannchen, Hannchen, komme schnelle!"

Und Hannchen ohne Furcht und Bangen
Entfernt das Scheusal mit der Zangen.

Nun kehrt die Tante auch zum Glück
Ins selbstbewußte Sein zurück.

Wie hat Helene da gelacht,
Als Vetter Franz den Scherz gemacht!

Eins aber war von ihm nicht schön:
Man sah ihn oft bei Hannchen stehn!

Doch jeder Jüngling hat wohl mal
'n Hang fürs Küchenpersonal,
Und sündhaft ist der Mensch im ganzen!
Wie betet Lenchen da für Franzen!!

Nur einer war, der heimlich grollte:
Das ist der ahnungsvolle Nolte.
Natürlich tut er dieses bloß
In Anbetracht der 'Tobaksdos'.
Er war auch wirklich voller Freud,
Als nun vorbei die Ferienzeit
Und Franz mit Schrecken wiederum
Zurück muß aufs Gymnasium.

FÜNFTES KAPITEL

Der Liebesbrief

„Und wenn er sich auch ärgern sollte,
Was schert mich dieser Onkel Nolte!"

So denkt Helene, leider Gotts!
Und schreibt dem Onkel grad zum Trotz:

„Geliebter Franz!
Du weißt es ja, Dein bin ich ganz!

Wie reizend schön war doch die Zeit,
Wie himmlisch war das Herz erfreut,

Als in den Schnabelbohnen drin
Der Jemand eine Jemandin,

Ich darf wohl sagen: herzlich küßte. —
Ach Gott, wenn das die Tante wüßte!
Und ach! wie ist es hierzuland
Doch jetzt so schrecklich anigant!

Der Onkel ist, gottlob, recht dumm,
Die Tante nöckert so herum,

Und beide sind so furchtbar fromm;
Wenn's irgend möglich, Franz, so komm
Und trockne meiner Sehnsucht Träne!
10 000 Küsse von
    Helene."

Jetzt Siegellack! — Doch weh! alsbald

Ruft Onkel Nolte donnernd: „halt!"

Und an Helenens Nase stracks
Klebt das erhitzte Siegelwachs.

SECHSTES KAPITEL

Eine unruhige Nacht

In der Kammer, still und donkel,
Schläft die Tante bei dem Onkel.

Mit der Angelschnur versehen
Naht sich Lenchen auf den Zehen.

Zupp! — Schon lüftet sich die Decke
Zu des Onkels großem Schrecke.

Zupp! — Jetzt spürt die Tante auch
An dem Fuß den kalten Hauch.

„Nolte!" — ruft sie — „Lasse das,
Denn das ist ein dummer Spaß!"

Und mit Murren und Gebrumm
Kehrt man beiderseits sich um.

Schnupp! — Da liegt man gänzlich bloß
Und die Zornigkeit wird groß;

Und der Schlüsselbund erklirrt,
Bis der Onkel flüchtig wird.

Autsch! Wie tut der Fuß so weh!
An der Angel sitzt die Zeh.

Lene hört nicht auf zu zupfen,
Onkel Nolte, der muß hupfen.

Lene hält die Türe zu.
Oh, du böse Lene du!

Stille wird es nach und nach,
Friede herrscht im Schlafgemach.

Am Morgen aber ward es klar,
Was nachts im Rat beschlossen war.
Kalt, ernst und dumpf sprach Onkel Nolte:
„Helene, was ich sagen wollte: —"

„Ach!" — rief sie — „Ach! Ich will es nun
Auch ganz gewiß nicht wieder tun!"

„Es ist zu spät! — drum stantepeh
Pack deine Sachen! — So! — Ade!"

SIEBENTES KAPITEL

Interimistische Zerstreuung

Ratsam ist und bleibt es immer
Für ein junges Frauenzimmer,
Einen Mann sich zu erwählen
Und wo möglich zu vermählen.

Erstens: will es so der Brauch.
Zweitens: will man's selber auch.
Drittens: man bedarf der Leitung
Und der männlichen Begleitung;

Weil bekanntlich manche Sachen,
Welche große Freude machen,
Mädchen nicht allein verstehn;
Als da ist: ins Wirtshaus gehn. —

Freilich oft, wenn man auch möchte,
Findet sich nicht gleich der Rechte;
Und derweil man so allein,
Sucht man sonst sich zu zerstreun.

Lene hat zu diesem Zwecke
Zwei Kanari in der Hecke,

Welche Niep und Piep genannt.
Zierlich fraßen aus der Hand
Diese goldignetten Mätzchen;

Aber Mienzi hieß das Kätzchen.

Einstens kam auch auf Besuch
Kater Munzel, frech und klug.

Alsobald so ist man einig. —
Fest entschlossen, still und schleunig

Ziehen sie voll Mörderdrang
Niep und Piep die Hälse lang.

Drauf so schreiten sie ganz heiter
Zu dem Kaffeetische weiter. —

Mienzi mit den sanften Tätzchen
Nimmt die guten Zuckerplätzchen.
Aber Munzels dicker Kopf
Quält sich in den Sahnetopf.
Grad kommt Lene, welche drüben
Eben einen Brief geschrieben,
Mit dem Licht und Siegellack
Und bemerkt das Lumpenpack.

Mienzi kann noch schnell enteilen,
Aber Munzel muß verweilen;

Denn es sitzt an Munzels Kopf
Festgeschmiegt der Sahnetopf.

Blindlings stürzt er sich zur Erd'.
Klacks! — Der Topf ist nichts mehr wert.

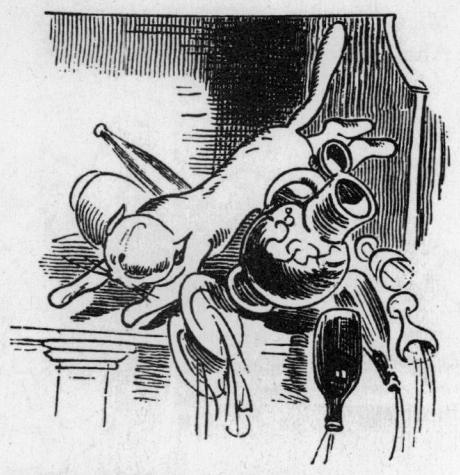

Aufs Büfett geht es jetzunder;
Flaschen, Gläser — alles runter!

Sehr in Ängsten sieht man ihn

Aufwärts sausen am Kamin.
Ach! — Die Venus ist perdü —
Klickeradoms! — von Medici!

Weh! Mit einem Satze ist er
Vom Kamine an dem Lüster;

Und da geht es Klingelingelings!
Unten liegt das teure Dings.

Schnell sucht Munzel zu entrinnen,
Doch er kann nicht mehr von hinnen. —

Wehe, Munzel! — Lene kriegt
Tute, Siegellack und Licht.

Allererst tut man die Tute
An des Schweifs behaarte Rute;

Dann das Lack, nachdem's erhitzt,
Auf die Tute, bis sie sitzt.

Drauf hält man das Licht daran,
Daß die Tute brennen kann.

Jetzt läßt man den Munzel los. —
Mau! — Wie ist die Hitze groß!

ACHTES KAPITEL

Der Heiratsentschluß

Wenn's einer davon haben kann,
So bleibt er gerne dann und wann
Des Morgens, wenn das Wetter kühle,
Noch etwas liegen auf dem Pfühle.
Und denkt sich so in seinem Sinn:
Na, dämm're noch 'n bissel hin!
Und denkt so hin und denkt so her,
Wie dies wohl wär, wenn das nicht wär. —
Und schließlich wird es ihm zu dumm. —
Er wendet sich nach vorne um,
Kreucht von der warmen Lagerstätte
Und geht an seine Toilette.

Die Propertät ist sehr zu schätzen,
Doch kann sie manches nicht ersetzen. —

Der Mensch wird schließlich mangelhaft.

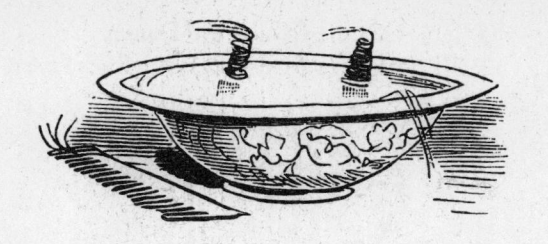

Die Locke wird hinweggerafft. —

Mehr ist hier schon die Kunst zu loben,

Denn Schönheit wird durch Kunst gehoben. —

Allein auch dieses, auf die Dauer,
Fällt doch dem Menschen schließlich sauer. —

„Es sei!" sprach Lene heute früh —
„Ich nehme Schmöck und Kompanie!"

G. J. C. Schmöck, schon längst bereit,
Ist dieserhalb gar hoch erfreut.
Und als der Frühling kam ins Land,
Ward Lene Madam Schmöck genannt.

NEUNTES KAPITEL.

Die Hochzeitsreise

's war Heidelberg, das sich erwählten
Als Freudenort die Neuvermählten. —

**Wie lieblich wandelt man zu zwein
Zum Schloß hinauf im Sonnenschein.**

„Ach, sieh nur mal, geliebter Schorsch!
Hier diese Trümmer, alt und morsch!"

„Ja!" — sprach er — „Aber diese Hitze!
Und fühle nur mal, wie ich schwitze!"

Ruinen machen vielen Spaß. —
Auch sieht man gern das große Faß.

Und — alle Ehrfurcht! — muß ich sagen.

Alsbald, so sitzt man froh im Wagen

Und sieht das Panorama schnelle
Vorüberziehn bis zum Hotelle;

Denn Spargel, Schinken, Koteletts
Sind doch mitunter auch was Nett's.

„Pist! Kellner! Stell'n Sie eine kalt!
Und, Kellner! Aber möglichst bald!"

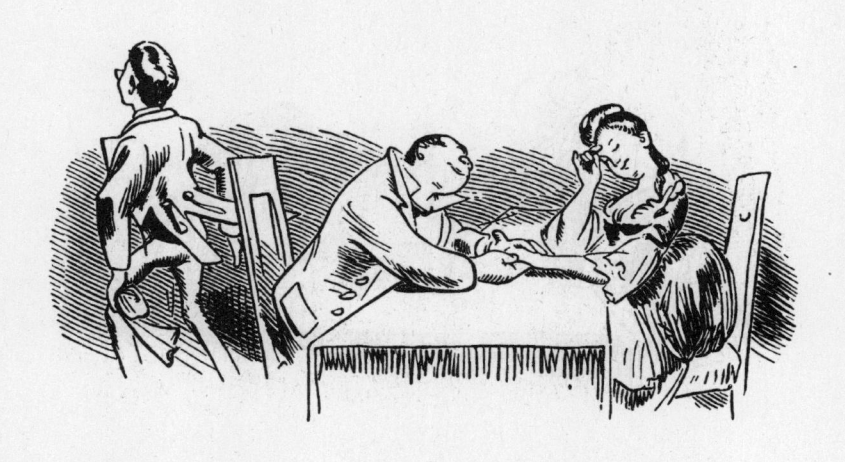

Der Kellner hört des Fremden Wort.
Es saust der Frack. Schon eilt er fort.

Wie lieb und luftig perlt die Blase
Der Witwe Klicko in dem Glase. —

Gelobt seist du viel tausendmal!
Helene blättert im Journal.

„Pist! Kellner! Noch einmal so eine!" —
— Helenen ihre Uhr ist neune. —

Der Kellner hört des Fremden Wort.
Es saust der Frack. Schon eilt er fort.

Wie lieb und luftig perlt die Blase
Der Witwe Klicko in dem Glase.

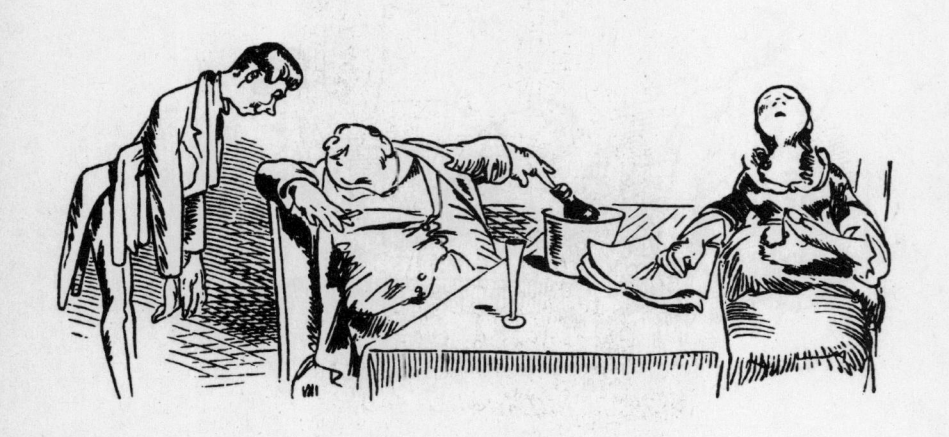

„Pist! Kellner! Noch so was von den!" —
— Helenen ihre Uhr ist zehn. —

Schon eilt der Kellner emsig fort. —
Helene spricht ein ernstes Wort. —

Der Kellner leuchtet auf der Stiegen.
Der fremde Herr ist voll Vergnügen.

Pitsch! — Siehe da! Er löscht das Licht.

Plums! Liegt er da und rührt sich nicht.

ZEHNTES KAPITEL

Löbliche Tätigkeit

Viele Madams, die ohne Sorgen,
In Sicherheit und wohlgeborgen,
Die denken: Pah! Es hat noch Zeit! —
Und bleiben ohne Frömmigkeit. —

Wie lobenswert ist da Helene!
Helene denkt nicht so wie jene. —
Nein, nein: sie wandelt oft und gerne
Zur Kirche hin, obschon sie ferne.

Und Jean mit demutsvollem Blick,
Drei Schritte hinterwärts zurück,
Das Buch der Lieder in der Hand,
Folgt seiner Herrin unverwandt.

Doch ist Helene nicht allein
Nur auf sich selbst bedacht. — O nein! —
Ein guter Mensch gibt gerne acht,
Ob auch der andre was Böses macht;
Und strebt durch häufige Belehrung
Nach seiner Beßrung und Bekehrung.

„Schang!" — sprach sie einstens — „Deine Taschen
Sind oft so dick! Schang! Tust du naschen?

Ja, siehst du wohl! Ich dacht es gleich!
O Schang! Denk an das Himmelreich!"

Dies Wort drang ihm in die Natur,
So daß er schleunigst Beßrung schwur.

Doch nicht durch Worte nur allein
Soll man den andern nützlich sein. —

Helene strickt die guten Jacken,
Die so erquicklich für den Nacken;
Denn draußen wehen rauhe Winde. —
Sie fertigt auch die warme Binde;
Denn diese ist für kalte Mägen
Zur Winterszeit ein wahrer Segen. —
Sie pflegt mit herzlichem Pläsier
Sogar den fränk'schen Offizier,
Der noch mit mehren dieses Jahr
Im Deutschen Reiche seßhaft war. —

Besonders aber tat ihr leid
Der armen Leute Bedürftigkeit. —
Und da der Arzt mit Ernst geraten,
Den Leib in warmem Wein zu baden,

So tut sie's auch.   Oh, wie erfreut
Ist nun die Schar der armen Leut',
Die, sich recht innerlich zu laben,
Doch auch mal etwas Warmes haben.

ELFTES KAPITEL

Geistlicher Rat

Viel Freude macht, wie männiglich bekannt,
Für Mann und Weib der heilige Ehestand!
Und lieblich ist es für den Frommen,
Der die Genehmigung dazu bekommen,
Wenn er sodann nach der üblichen Frist
Glücklicher Vater und Mutter ist. —
— Doch manchmal ärgert man sich bloß,
Denn die Ehe bleibt kinderlos. —

— Dieses erfuhr nach einiger Zeit
Helene mit großer Traurigkeit. —

Nun wohnte allda ein frommer Mann,
Bei Sankt Peter dicht nebenan,
Von Fraun und Jungfraun weit und breit
Hochgepriesen ob seiner Gelehrsamkeit. —
(Jetzt war er freilich schon etwas kränklich.)

„O meine Tochter!" — sprach er bedenklich —
„Dieses ist ein schwierig' Kapitel;
Da helfen allein die geistlichen Mittel!
Drum, meine Beste, ist dies mein Rat:
Schreite hinauf den steilen Pfad
Und folge der seligen Pilgerspur
Gen Chosemont de bon secours,
Denn dorten, berühmt seit alter Zeit,
Stehet die Wiege der Fruchtbarkeit.

Und wer allda sich hinverfügt,
Und wer allda die Wiege gewiegt,
Der spürete bald nach selbigter Fahrt,
Daß die Geschichte anders ward.

Solches hat noch vor etzlichen Jahren
Leider Gotts! eine fromme Jungfer erfahren,
Welche, indem sie bis dato in diesen
Dingen nicht sattsam unterwiesen,
Aus Unbedacht und kindlichem Vergnügen
Die Wiege hat angefangen zu wiegen. —
Und ob sie schon nur ein wenig gewiegt,
Hat sie dennoch ein ganz kleines Kind gekriegt. —

Auch kam da ein frecher Pilgersmann,
Der rühret aus Vorwitz die Wiegen an.
Darauf nach etwa etzlichen Wochen,
Nachdem er dieses verübt und verbrochen,
Und — — Doch, meine Liebe, genug für heute!
Ich höre, daß es zur Metten läute.
Addio! Und — Trost sei Dir beschieden!
Zeuge hin in Frieden!"

ZWÖLFTES KAPITEL

Die Wallfahrt

Hoch von gnadenreicher Stelle
Winkt die Schenke und Kapelle. —

Aus dem Tale zu der Höhe,
In dem seligen Gedränge
Andachtsvoller Christenmenge
Fühlt man froh des andern Nähe;
Denn hervor aus Herz und Munde,
Aus der Seele tiefstem Grunde
Haucht sich warm und innig an
Pilgerin und Pilgersmann. —

Hier vor allen, schuhbestaubt,
Warm ums Herze, warm ums Haupt,
Oft erprobt in ernster Kraft,
Schreitet die Erzgebruderschaft.

Itzo kommt die Jungferngilde,
Auf den Lippen Harmonie, —
In dem Busen Engelsmilde,
In der Hand das Paraplü. —
Oh, wie lieblich tönt der Chor!
Bruder Jochen betet vor. —

Aber dort im Sonnenscheine
Geht Helene traurig-heiter,

Sozusagen, ganz alleine,

Denn ihr einziger Begleiter,
Stillverklärt im Sonnenglanz,
Ist der gute Vetter Franz,
Den seit kurzem die Bekannten
Nur den „heil'gen" Franz benannten. —
Traulich wallen sie zu zweit
Als zwei fromme Pilgersleut.

Gott sei Dank, jetzt ist man oben!
Und mit Preisen und mit Loben
Und mit Eifer und Bedacht
Wird das Nötige vollbracht.

Freudig eilt man nun zur Schenke,
Freudig greift man zum Getränke,
Welches schon seit langer Zeit
In des Klosters Einsamkeit
Ernstbesonnen, stillvertraut,
Bruder Jakob öfters braut.

Hierbei schaun sich innig an
Pilgerin und Pilgersmann.

Endlich nach des Tages Schwüle
Naht die sanfte Abendkühle.

In dem gold'nen Mondenscheine
Geht Helene froh und heiter,
Sozusagen, ganz alleine,
Denn ihr einziger Begleiter,
Stillverklärt im Mondesglanz,
Ist der heil'ge Vetter Franz.
Traulich ziehn sie heim zu zweit
Als zwei gute Pilgersleut. —

Doch die Erzgebruderschaft
Nebst den Jungfern tugendhaft,
Die sich etwas sehr verspätet,
Kommen jetzt erst angebetet.
Oh, wie lieblich tönt der Chor!
Bruder Jochen betet vor.

Schau, da kommt von ungefähr
Eine Droschke noch daher. —

Er, der diese Droschke fuhr,
Frech und ruchlos von Natur,
Heimlich denkend: papperlapp!
Tuet seinen Hut nicht ab. —

Weh! Schon schaun ihn grollend an
Pilgerin und Pilgersmann. —
Zwar der Kutscher sucht mit Klappen
Anzuspornen seinen Rappen,

Aber Jochen schiebt die lange
Jungfernbundesfahnenstange
Durch die Hinterräder quer —

Schrupp! — und 's Fuhrwerk geht nicht mehr. —

Bei den Beinen, bei dem Rocke
Zieht man ihn von seinem Bocke;

Jungfer Nanni mit der Krücke
Stößt ihn häufig ins Genicke.
Aber Jungfer Adelheid
Treibt die Sache gar zu weit,

Denn sie sticht in Kampfeshitze
Mit des Schirmes scharfer Spitze;

Und vor Schaden schützt ihn bloß
Seine warme Lederhos'. —

Drauf so schaun sich fröhlich an
Pilgerin und Pilgersmann,

Fern verklingt der Jungfernchor,
Bruder Jochen betet vor. —

Doch der böse Kutscher, dem
Alles dieses nicht genehm,

Meldet eilig die Geschichte
Bei dem hohen Stadtgerichte.
Dieses ladet baldigst vor
Jochen und den Jungfernchor.

Und das Urteil wird gesprochen:
Bruder Jochen kriegt drei Wochen,
Aber Jungf- und Bruderschaften
Sollen für die Kosten haften. —

Ach! Da schaun sich traurig an
Pilgerin und Pilgersmann.

DREIZEHNTES KAPITEL

Die Zwillinge

Wo kriegten wir die Kinder her,
Wenn Meister Klapperstorch nicht wär?

Er war's, der Schmöcks in letzter Nacht
Ein kleines Zwillingspaar gebracht.

Der Vetter Franz, mit mildem Blick,
Hub an und sprach: „Oh, welches Glück!
Welch' kleine, freundliche Kollegen!
Das ist fürwahr zwiefacher Segen!
Drum töne zwiefach Preis und Ehr!
Herr Schmöck, ich gratuliere sehr!"

Bald drauf um zwölf kommt Schmöck herunter,

So recht vergnügt und frisch und munter.
Und emsig setzt er sich zu Tische,
Denn heute gibt's Salat und Fische.

Autsch! — Eine Gräte kommt verquer,
Und Schmöck wird blau und hustet sehr;

Und hustet, bis ihm der Salat
Aus beiden Ohren fliegen tat.

Bums! Da! Er schließt den Lebenslauf.
Der Jean fängt schnell die Flasche auf.

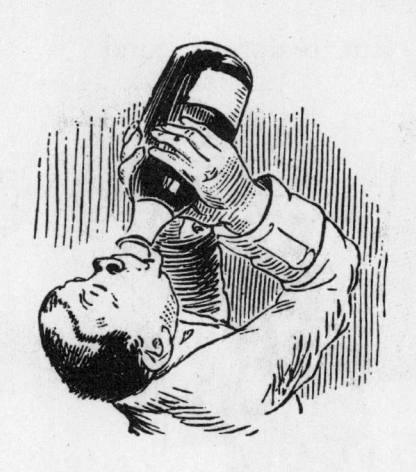

„Oh!" — sprach der Jean — „es ist ein Graus!
Wie schnell ist doch das Leben aus!"

VIERZEHNTES KAPITEL

Ein treuloser Freund

„O Franz!" — spricht Lene — und sie weint —
„O Franz! Du bist mein einz'ger Freund!"
„Ja!" — schwört der Franz mit mildem Hauch —
„Ich war's, ich bin's und bleib es auch!

Nun gute Nacht! Schon tönt es zehn!
Will's Gott! Auf baldig Wiedersehn!"

Die Stiegen steigt er sanft hinunter. —
Schau, schau! Die Kathi ist noch munter.

Das freut den Franz. — Er hat nun mal
'n Hang fürs Küchenpersonal.

Der Jean, der heimlich näher schlich,
Bemerkt die Sache zorniglich.

Von großer Eifersucht erfüllt,
Hebt er die Flasche rasch und wild.

Und — Kracks! es dringt der scharfe Schlag
Bis tief in das Gedankenfach.

's ist aus! — Der Lebensfaden bricht. —
Helene naht. — Es fällt das Licht. —

FÜNFZEHNTES KAPITEL

Die Reue

Ach, wie ist der Mensch so sündig! —
Lene, Lene! Gehe in dich! —

Und sie eilet tieferschüttert
Zu dem Schranke schmerzdurchzittert.

Fort! Ihr falschgesinnten Zöpfe,
Schminke und Pomadetöpfe!

Fort! Du Apparat der Lüste,
Hochgewölbtes Herzgerüste!

Fort vor allem mit dem Übel
Dieser Lust- und Sündenstiebel!

Trödelkram der Eitelkeit,
Fort, und sei der Glut geweiht!

O wie lieblich sind die Schuhe
Demutsvoller Seelenruhe!

Sieh, da geht Helene hin,
Eine schlanke Büßerin!

SECHZEHNTES KAPITEL

Versuchung und Ende

Es ist ein Brauch von alters her:
Wer Sorgen hat, hat auch Likör!

„Nein!" — ruft Helene — „Aber nun
Will ich's auch ganz — und ganz — und ganz —
        und ganz gewiß nicht wieder tun!"

Sie kniet von ferne fromm und frisch.
Die Flasche stehet auf dem Tisch.

Es läßt sich knien auch ohne Pult.
Die Flasche wartet mit Geduld.

Man liest nicht gerne weit vom Licht.
Die Flasche glänzt und rührt sich nicht.

Oft liest man mehr als wie genug.
Die Flasche ist kein Liederbuch.

Gefährlich ist des Freundes Nähe.
O Lene, Lene! Wehe, wehe!

O sieh! — Im sel'gen Nachtgewande
Erscheint die jüngstverstorb'ne Tante.

Mit geisterhaftem Schmerzgetöne —
„Helene!" — ruft sie — „Oh, Helene!!!"

Umsonst! — Es fällt die Lampe um,
Gefüllt mit dem Petroleum.

Und hilflos und mit Angstgewimmer
Verkohlt dies fromme Frauenzimmer.

Hier sieht man ihre Trümmer rauchen,
Der Rest ist nicht mehr zu gebrauchen.

SIEBZEHNTES KAPITEL

Triumph des Bösen

Hu! Draußen welch ein schrecklich Grausen!
Blitz, Donner, Nacht und Sturmesbrausen! —

Schon wartet an des Hauses Schlote
Der Unterwelt geschwänzter Bote.

Zwar Lenens guter Genius
Bekämpft den Geist der Finsternus,

Doch dieser kehrt sich um und packt
Ihn mit der Gabel zwiegezackt.

O weh, o weh! Der Gute fällt!
Es siegt der Geist der Unterwelt.

Er faßt die arme Seele schnelle

Und fährt mit ihr zum Schlund der Hölle.

Hinein mit ihr! — Huhu! Haha!
Der heil'ge Franz ist auch schon da.

Schluß

Als Onkel Nolte dies vernommen,
War ihm sein Herze sehr beklommen.

Doch als er nun genug geklagt:
„Oh!" — sprach er — „Ich hab's gleich gesagt!

Das Gute — dieser Satz steht fest —
Ist stets das Böse, was man läßt!

Ei, ja! — Da bin ich wirklich froh!
Denn, Gott sei Dank! ich bin nicht so!!"

HANS HUCKEBEIN

DER UNGLÜCKSRABE

Hier sieht man Fritz, den muntern Knaben,
Nebst Huckebein, dem jungen Raben.

Und dieser Fritz, wie alle Knaben,
Will einen Raben gerne haben.

Schon rutscht er auf dem Ast daher,
Der Vogel, der mißtraut ihm sehr.

Schlapp! macht der Fritz von seiner Kappe
Mit Listen eine Vogelklappe.

Beinahe hätt' er ihn! — Doch ach!
Der Ast zerbricht mit einem Krach.

In schwarzen Beeren sitzt der Fritze,
Der schwarze Vogel in der Mütze.

Der Knabe Fritz ist schwarz betupft;
Der Rabe ist in Angst und hupft.

Der schwarze Vogel ist gefangen,
Er bleibt im Unterfutter hangen.

„Jetzt hab' ich dich, Hans Huckebein,
Wie wird sich Tante Lotte freun!"

Die Tante kommt aus ihrer Tür;
„Ei!" spricht sie, „welch ein gutes Tier!"

Kaum ist das Wort dem Mund entflohn,
Schnapp! — hat er ihren Finger schon.

„Ach!" ruft sie, „er ist doch nicht gut!
Weil er mir was zuleide tut!!"

Hier lauert in des Topfes Höhle
Hans Huckebein, die schwarze Seele.

Den Knochen, den der Spitz gestohlen,
Will dieser jetzt sich wieder holen.

So ziehn mit Knurren und Gekrächz
Der eine links, der andre rechts.

Schon denkt der Spitz, daß er gewinnt,
Da zwickt der Rabe ihn von hint'.

O weh! Er springt auf Spitzens Nacken,
Um ihm die Haare auszuzwacken.

Der Spitz, der ärgert sich bereits
Und rupft den Raben seinerseits.

Derweil springt mit dem Schinkenbein
Der Kater in den Topf hinein.

Da sitzen sie und schaun und schaun. —
Dem Kater ist nicht sehr zu traun.

Der Kater hakt den Spitz, der schreit,
Der Rabe ist voll Freudigkeit.

Schnell faßt er, weil der Topf nicht ganz,
Mit schlauer List den Katerschwanz.

Es rollt der Topf. Es krümmt voll Quale
Des Katers Schweif sich zur Spirale.

Und Spitz und Kater fliehn im Lauf. —
Der größte Lump bleibt obenauf!! —

Nichts Schönres gab's für Tante Lotte
Als schwarze Heidelbeerkompotte.

Doch Huckebein verschleudert nur
Die schöne Gabe der Natur.

Die Tante naht voll Zorn und Schrecken;
Hans Huckebein verläßt das Becken.

Und schnell betritt er, angstbeflügelt,
Die Wäsche, welche frisch gebügelt.

O weh! Er kommt ins Tellerbord;
Die Teller rollen rasselnd fort.

Auch fällt der Korb, worin die Eier —
Ojemine! — und sind so teuer!

Patsch! fällt der Krug. Das gute Bier
Ergießt sich in die Stiefel hier.

Und auf der Tante linken Fuß
Stürzt sich des Eimers Wasserguß.

Sie hält die Gabel in der Hand,
Und auch der Fritz kommt angerannt.

Perdums! Da liegen sie. — Dem Fritze
Dringt durch das Ohr die Gabelspitze.

Dies wird des Raben Ende sein —
So denkt man wohl — doch leider nein!

Denn — schnupp! — der Tante Nase faßt er;
Und nochmals triumphiert das Laster!

Jetzt aber naht sich das Malheur,
Denn dies Getränke ist Likör.

Es duftet süß. — Hans Huckebein
Taucht seinen Schnabel froh hinein.

Und läßt mit stillvergnügtem Sinnen
Den ersten Schluck hinunterrinnen.

Nicht übel! Und er taucht schon wieder
Den Schnabel in die Tiefe nieder.

Er hebt das Glas und schlürft den Rest,
Weil er nicht gern was übrig läßt.

Ei, ei! Ihm wird so wunderlich,
So leicht und doch absunderlich.

Er krächzt mit freudigem Getön
Und muß auf einem Beine stehn.

Der Vogel, welcher sonsten fleucht,
Wird hier zu einem Tier, was kreucht.

Und Übermut kommt zum Beschluß,
Der alles ruinieren muß.

Er zerrt voll roher Lust und Tücke
Der Tante künstliches Gestricke.

Der Tisch ist glatt — der Böse taumelt —
Das Ende naht — sieh da! Er baumelt.

„Die Bosheit war sein Hauptpläsier,
Drum", spricht die Tante, „hängt er hier!"

FIPPS DER AFFE

Anfang

Pegasus, du alter Renner,
Trag mich mal nach Afrika,
Alldieweil so schwarze Männer
Und so bunte Vögel da.

Kleider sind da wenig Sitte;
Höchstens trägt man einen Hut,
Auch wohl einen Schurz der Mitte;
Man ist schwarz und damit gut. —

Dann ist freilich jeder bange,
Selbst der Affengreis entfleucht,
Wenn die lange Brillenschlange
Zischend von der Palme kreucht.

Kröten fallen auf den Rücken,
Ängstlich wird das Bein bewegt;
Und der Strauß muß heftig drücken,
Bis das große Ei gelegt.

Krokodile weinen Tränen,
Geier sehen kreischend zu;
Sehr gemein sind die Hyänen;
Schäbig ist der Marabu.

Nur die Affen, voller Schnaken,
Haben Vor- und Hinterhand;
Emsig mümmeln ihre Backen;
Gerne hockt man beieinand.

Papa schaut in eine Stelle,
Onkel kratzt sich sehr geschwind,
Tante kann es grad so schnelle,
Mama untersucht das Kind,

Fipps — so wollen wir es nennen —
Aber wie er sich betrug,
Wenn wir ihn genauer kennen,
Ach, das ist betrübt genug. —

Selten zeigt er sich beständig,
Einmal hilft er aus der Not;
Anfangs ist er recht lebendig,
Und am Schlusse ist er tot.

Erstes Kapitel

Der Fipps, das darf man wohl gestehn,
Ist nicht als Schönheit anzusehn.
Was ihm dagegen Wert verleiht,
Ist Rührig- und Betriebsamkeit.

Wenn wo was los, er darf nicht fehlen;
Was ihm beliebt, das muß er stehlen;
Wenn wer was macht, er macht es nach;
Und Bosheit ist sein Lieblingsfach.

Es wohnte da ein schwarzer Mann,
Der Affen fing und briet sie dann.

Besonders hat er junge gern,
Viel lieber als die ältern Herrn.
„Ein alter Herr ist immer zäh!"
So spricht er oft und macht „Bebä!"

Um seine Zwecke zu erfüllen,
Wählt er drei leere Kürbishüllen.

Für auf den Kopf die große eine,
Für an die Hände noch zwei kleine.

So kriecht er in ein Bündel Stroh,
Macht sich zurecht und wartet so. —

Dies hat nun allerdings den Schein,
Als ob hier schöne Früchte sein.

Fipps, der noch nie so große sah,
Kaum sieht er sie, so ist er da.

Er wählt für seinen Morgenschmaus
Sich gleich die allergrößte aus.

Doch wie er oben sich bemüht,
Erfaßt ihn unten wer und zieht,
Bis daß an jeder Hinterhand
Ringsum ein Kürbis sich befand.

So denkt ihn froh und nach Belieben
Der böse Mann nach Haus zu schieben.

An dieses Mannes Nase hing
Zu Schmuck und Zier ein Nasenring.
Fipps faßt den Reif mit seinem Schweif.
Der Schwarze wird vor Schrecken steif.

Die Nase dreht sich mehre Male
Und bildet eine Qualspirale.

Jetzt biegt der Fipps den langen Ast,
Bis er den Ring der Nase faßt.

Dem Neger wird das Herze bang,
Die Seele kurz, die Nase lang.

Am Ende gibt es einen Ruck,
Und oben schwebt der Nasenschmuck.

Der Schwarze aber aß seit dieser
Begebenheit fast nur Gemüser.

Zweites Kapitel

Natürlich läßt Fipps die ekligen Sachen,
Ohne neidisch zu sein, von anderen machen.
Dagegen aber, wenn einer was tut,
Was den Anschein hat, als tät es ihm gut,
Gleich kommt er begierig und hastig herbei,
Um zu prüfen, ob's wirklich so angenehm sei.

Mal saß er an des Ufers Rand
Auf einer Palme, die dorten stand.
Ein großes Schiff liegt auf dem Meer;
Vom Schiffe schaukelt ein Kahn daher.

Im kleinen Kahn da sitzt ein Mann,
Der hat weder Schuhe noch Stiefel an;

Doch vor ihm steht ganz offenbar
Ein großes und kleines Stiefelpaar.

Das kleine, das er mit sich führt,
Ist innen mit pappigem Pech beschmiert;

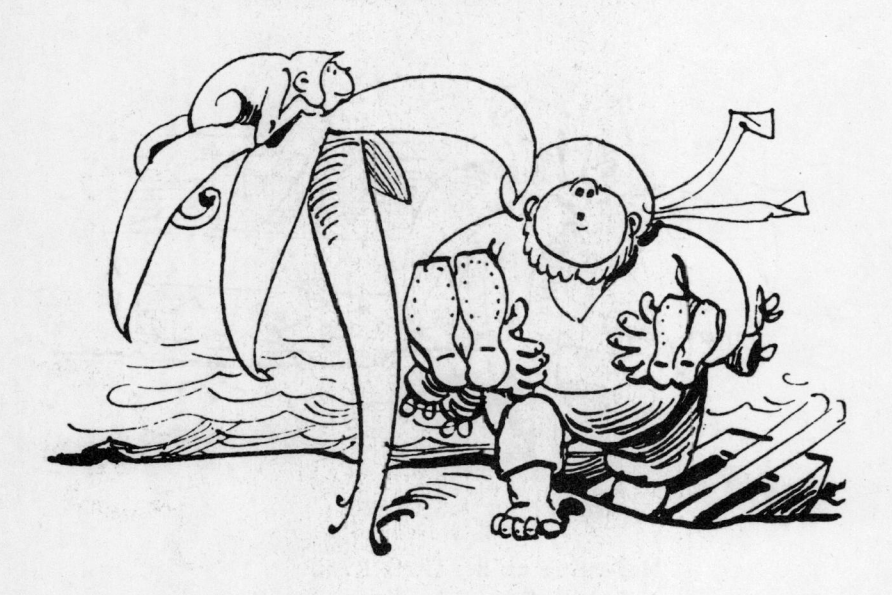

Und wie der Mann an das Ufer tritt,
Bringt er die zwei Paar Stiefel mit.

Er trägt sie sorglich unter dem Arm
Und jammert dabei, daß es Gott erbarm.
Kaum aber ziehet der Trauermann

Sich einen von seinen Stiefeln an,
So mildern sich schon ganz augenscheinlich
Die Schmerzen, die noch vor kurzem so peinlich,

Und gar bei Stiefel Numero zwei
Zeigt er sich gänzlich sorgenfrei.
Dann sucht er in fröhlichem Dauerlauf

Den kleinen Nachen wieder auf
Und läßt aus listig bedachtem Versehn
Das kleine Paar Stiefel am Lande stehn.

Ratsch, ist der Fipps vom Baum herunter,
Ziehet erwartungsvoll und munter
Die Stiefel an seine Hinterglieder,

Und schau! Der lustige Mann kommt wieder.

O weh! Die Stiefel an Fippsens Bein
Stören die Flucht. Man holt ihn ein.
Vergebens strampelt er ungestüm,

Der Schiffer geht in den Kahn mit ihm.

Zum Schiffe schaukelt und strebt der Kahn,
Das Schiff fährt über den Ozean,
Und selbiger Mann (er schrieb sich Schmidt)
Nimmt Fipps direkt nach Bremen mit.

Drittes Kapitel

Zu Bremen lebt gewandt und still
Als ein Friseur der Meister Krüll,
Und jedermann in dieser Stadt,
Wer Haare und wer keine hat,
Geht gern zu Meister Krüll ins Haus
Und kommt als netter Mensch heraus.

Auch Schmidt läßt sich die Haare schneider
Krüll sieht den Affen voller Freuden,
Er denkt: „Das wäre ja vor mir
Und meine Kunden ein Pläsier."

Und weil ihn Schmidt veräußern will,
So kauft und hat ihn Meister Krüll.

Es kam mal so und traf sich nun,
Daß Krüll, da anders nichts zu tun,
In Eile, wie er meistens tat,
Das Seitenkabinett betrat,

Wo er die Glanzpomade kocht,
Perücken baut und Zöpfe flocht,
Kurz, wo die kunstgeübte Hand
Vollendet, was der Geist erfand.

Zur selben Zeit erscheint im Laden,
Mit dünnem Kopf und dicken Waden,

Der schlichtbehaarte Bauer Dümmel,
Sitzt auf den Sessel, riecht nach Kümmel
Und hofft getrost, daß man ihn schere,
Was denn auch wirklich nötig wäre.

Wipps! sitzt der Fipps auf seinem Nacken,
Um ihm die Haare abzuzwacken.

Die Schere zwickt, die Haare fliegen;
Dem Dümmel macht es kein Vergnügen.

Oha! das war ein scharfer Schnitt,
Wodurch des Ohres Muschel litt.

„Hör upp!" schreit Dümmel schmerzensbange;
Doch schon hat Fipps die Kräuselzange.

Das Eisen glüht, es zischt das Ohr,
Ein Dampfgewölk steigt draus hervor.

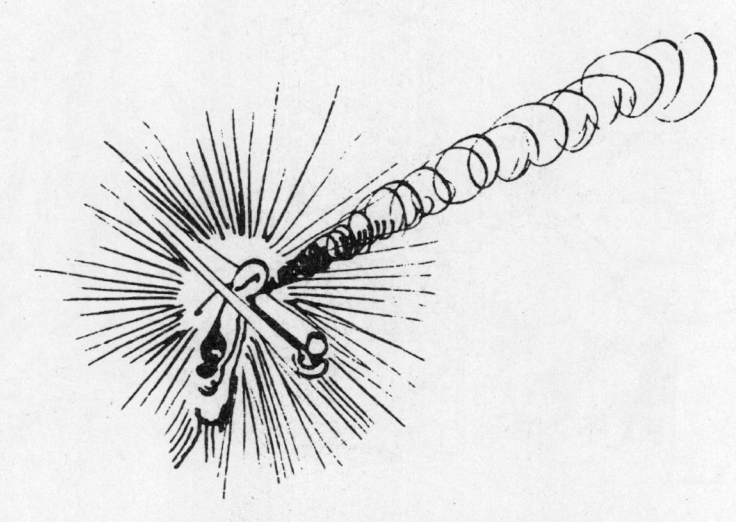

Die Schönheit dieser Welt verschwindet
Und nur der Schmerz zieht, bohrt und mündet
In diesen einen Knotenpunkt,

Den Dümmel hier ins Wasser tunkt. —

Der Meister kommt. — Hoch schwingt die Rechte,
Wie zum Gefechte, eine Flechte.

Der Spiegel klirrt, die Hand erlahmt;
Der Meister Krüll ist eingerahmt.

„Mir scheint, ich bin hier unbeliebt!"
Denkt Fipps, der sich hinwegbegibt.

Viertes Kapitel

Dämmrung war es, als Adele
Mit dem Freunde ihrer Seele,
Der so gerne Pudding aß,
Traulich bei der Tafel saß.

„Pudding", sprach er, „ist mein Bestes!"
Drum zum Schluß des kleinen Festes

Steht der wohlgeformte große
Pudding mit der roten Sauce
Braun und lieblich duftend da,
Was der Freund mit Wonne sah.
Aber, ach du meine Güte,
Plötzlich stockt das Herzgeblüte. —

Angelockt von Wohlgerüchen
Hat sich Fipps herbeigeschlichen,
Um mit seinen gier'gen Händen
Diesen Pudding zu entwenden,
Hergestellt mit großem Fleiß.

Ätsch! die Sache ist zu heiß! —

Ärgerlich ist solche Hitze.
Schlapp! der Freund hat eine Mütze
Tief bis über beide Backen.

Platsch! und in Adelens Nacken,
Tief bis unten in das Mieder,
Rinnt die rote Sauce nieder.

So wird oft die schönste Stunde
In der Liebe Seelenbunde
Durch Herbeikunft eines Dritten
Mitten durch- und abgeschnitten;
Und im Innern wehmutsvoll
Tönt ein dumpfes: kolleroll!

Fünftes Kapitel

Für Fipps wird es dringende Essenszeit. —

Mit fröhlicher Gelenkigkeit
Durch eine Seitengasse entflieht er
Und schleicht in den Laden von einem Konditer.

Da gibt es schmackhafte Kunstgebilde,
Nicht bloß härtliche, sondern auch milde;
Da winken Krapfen und Mohrenköpfe,
Künstlich geflochtene Brezen und Zöpfe;
Auch sieht man da für gemischtes Vergnügen
Mandeln, Rosinen et cetera liegen. —

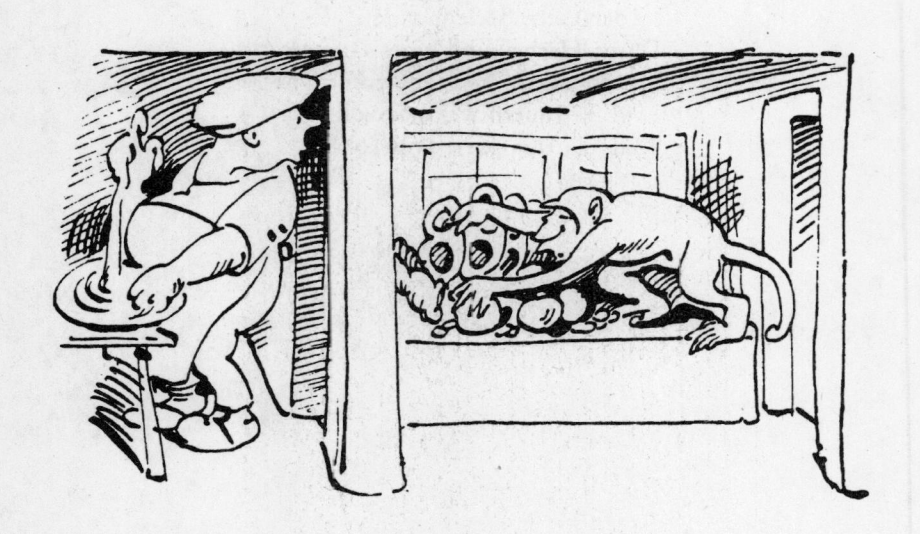

„Horch!" ruft voll Sorge Konditer Köck,
„Was rappelt da zwischen meinem Gebäck?!"

Die Sorge wandelt sich in Entsetzen,
Denn da steht Fipps mit Krapfen und Brezen.

Die Brezen trägt er in einer Reih
Auf dem Schwanz, als ob es ein Stecken sei,
Und aufgespießt, gleich wie auf Zapfen,
An allen vier Daumen sitzen die Krapfen.

Zwar Köck bemüht sich, daß er ihn greife
Hinten bei seinem handlichen Schweife,

Doch, weil er soeben den Teig gemischt,
So glitscht er ab und der Dieb entwischt.

Nichts bleibt ihm übrig als lautes Gebröll,
Und grad kommt Mieke, die alte Mamsell.

Unter hellem Gequieke fällt diese Gute
Platt auf die Steine mit Topf und Tute.
Durch ihre Beine eilt Fipps im Sprunge.
Ihn wirft ein schwärzlicher Schusterjunge

Mit dem Stulpenstiefel, der frisch geschmiert,
So daß er die schönen Krapfen verliert.

Auch wartet ein Bettelmann auf der Brücken
Mit einem Buckel und zween Krücken.

Derselbe verspürt ein großes Verlangen,
Die Brezeln vermittels der Krücke zu fangen.

Dies kommt ihm aber nicht recht zu nütze,
Denn Fipps entzieht ihm die letzte Stütze. —
Da liegt er nun, wie ein Käfer, am Rücken —
Fipps aber begibt sich über die Brücken
Und eilet gar sehr beängstigt und matt
Mit der letzten Brezel aus dieser Stadt. —

Schon ist es dunkel und nicht geheuer.
Er schwingt sich über ein Gartengemäuer.
Hier hofft er auf angenehm nächtliche Ruh. —

Klapp! schnappt die eiserne Falle zu. —

Sofort tritt aus dem Wohngebäude
Ein Herr und äußert seine Freude.

„Aha!" so ruft er, „du bist wohl der,
Der Hühner stiehlt? Na, denn komm' her!!"

Hiermit schiebt er ihn vergnüglich
In einen Sack. Und unverzüglich

Ohne jede weitere Besichtigung
Beginnt er die schmerzhafte Züchtigung.

Drauf schließt er ihn für alle Fälle
In einen der leeren Hühnerställe,

Damit er am andern Morgen sodann
Diesen Bösewicht näher besichtigen kann.

Sechstes Kapitel

Wer vielleicht zur guten Tat
Keine rechte Neigung hat,
Dem wird Fasten und Kastein
Immerhin erfrischend sein. —

Als der Herr von gestern Abend,
Fest und wohl geschlafen habend,
(Er heißt nämlich Doktor Fink)
Morgens nach dem Stalle ging,
Um zu sehn, wen er erhascht —
Ei, wie ist er überrascht,
Als bescheiden, sanft und zahm,
Demutsvoll und lendenlahm,

Fipps aus seinem Sacke steigt,
Näher tritt und sich verneigt.

Lächelnd reicht Frau Doktorin
Ihm den guten Apfel hin,
Und das dicke, runde, fette,
Nette Kindermädchen Jette
Mit der niedlichen Elise,
Ei, herrje, wie lachten diese. —

Zwei nur finden's nicht am Platze;
Schnipps der Hund und Gripps die Katze,

Die nicht ohne Mißvertrauen
Diesen neuen Gast beschauen.

Fipps ist aber recht gelehrig
Und beträgt sich wie gehörig.

Morgens früh, so flink er kann,
Steckt er Fink die Pfeife an.
Fleißig trägt er dürre Reiser,
Ja, Kaffee zu mahlen weiß er,
Und sobald man musiziert,
Horcht er still, wie sich's gebührt.
Doch sein innigstes Vergnügen
Ist Elisen sanft zu wiegen,
Oder, falls sie mal verdrossen,
Zu erfreun durch schöne Possen.
Kurz, es war sein schönster Spaß,
Wenn er bei Elisen saß. —

Dafür kriegt er denn auch nun
Aus verblümten Zitzkattun
Eine bunte und famose
Hinten zugeknöpfte Hose;
Dazu, reizend von Geschmack,
Einen erbsengrünen Frack;

Und so ist denn gegenwärtig
Dieser hübsche Junge fertig.

Siebentes Kapitel

Elise schläft in ihrer Wiegen.
Fipps paßt geduldig auf die Fliegen.
Indessen denkt die runde Jette,
Was sie wohl vorzunehmen hätte;
Sieht eine Wespe, die verirrt
Am Fenster auf- und niederschwirrt,

Und treibt das arme Stacheltier
In eine Tute von Papier.

Sanft lächelnd reicht sie ihm die Tute,
Damit er Gutes drin vermute.

Er öffnet sie geschickt und gern,
Denn jeder Argwohn liegt ihm fern.

Schnurr pick! Der Stachel sitzt im Finger.
Der Schmerz ist gar kein so geringer.

Doch Fipps hat sich alsbald gefaßt,
Zermalmt das Ding, was ihm verhaßt,

Setzt sich dann wieder an die Wiegen
Und paßt geduldig auf die Fliegen. —

Vor allen eine ist darunter,
Die ganz besonders frech und munter.
Jetzt sitzt sie hier, jetzt summt sie da,
Bald weiter weg, bald wieder nah.

Jetzt krabbelt sie auf Jettens Jacke,

Jetzt wärmt sie sich auf Jettens Backe.
Das gute Kind ist eingenickt.

Kein Wunder, wenn sie nun erschrickt,

Denn, schlapp! die Fliege traf ein Hieb,

Woran sie starb und sitzen blieb. —

Fipps aber hockt so friedlich da,
Als ob dies alles nicht geschah,
Und schließet seine Augen zu
Mit abgefeimter Seelenruh.

Achtes Kapitel

Kaum hat mal einer ein bissel was,
Gleich gibt es welche, die ärgert das. —

Fipps hat sich einen Knochen stibitzt,
Wo auch noch ziemlich was drannen sitzt.

Neidgierig hocken im Hintergrund
Gripps der Kater und Schnipps der Hund.

Wauwau! Sie sausen von ihrem Platze.

Happs! macht der Hund, kritzekratze! die Katze;
Daß Fipps in ängstlichem Seelendrang

Eilig auf einen Schrank entsprang,
Allwo man aufbewahren tät
Mancherlei nützliches Handgerät.

Und Gripps der Kater und Schnipps der Hund
Schleichen beschämt in den Hintergrund.
Fipps aber knüpft mit der Hand gewandt
Den Knochen an ein Band, das er fand,

Und schlängelt dasselbe voller List
Durch einen Korb, welcher löchricht ist.

Sogleich folgt Gripps dem Bratengebein

Bis tief in das Korbgeflecht hinein.

Schwupp! hat ihn der Fipps drin festgedrückt,
Und mit der Zange, die beißt und zwickt,
Entfernt er sorgsam die scharfen Klauen.

Ach, wie so kläglich muß Gripps miauen,
Denn grade in seinen Fingerspitzen
Hat er die peinlichsten Nerven sitzen.

Jetzt wird auch noch der Schweif gebogen
Und durch des Korbes Henkel gezogen.
Mit einer Klammer versieht er ihn,
Damit er nicht leichtlich herauszuziehn.
Schnipps der Hund schnappt aber derweilen
Den Knochen und möchte von dannen eilen.

Dieses gelingt ihm jedoch nicht ganz,
Denn Fipps erwischt ihn bei seinem Schwanz

Und schwingt ihn solchermaßen im Kreis,
Bis er nichts Gescheits mehr zu denken weiß.

Hiernach, gewissermaßen als Schlitten,
Zieht er ihn durch des Hofes Mitten

Und läßt ihn dorten mal soeben
Über dem Abgrund des Brunnens
                    schweben,
Wo ein schwäch- und ängstlich Gemüt
Nur ungern hängt und hinunter sieht.

Drauf so führt er ihn hinten nach
An des Daches Rinne bis auf das Dach

Und lehnt ihn über den Schlot allhier.
Daraus gehet ein merklicher Dampf herfür. —
Dem Auge höchst peinlich ist der Rauch,
Auch muß man niesen und husten auch,
Und schließlich denkt man nichts weiter als bloß:
„Jetzt wird's mir zu dumm und ich lasse los!"
So wird dieser Rauch immer stärker und stärker,
Schnipps fällt rücküber und auf den Erker,

Und Gripps, der gerad aus der Luke fährt,
Fühlt plötzlich, ihm wird der Korb beschwert.

Hulterpulter, sie rumpeln in großer Hast
Vom Dach und baumeln an einem Ast.

Hier trennt man sich nicht ohne Pein

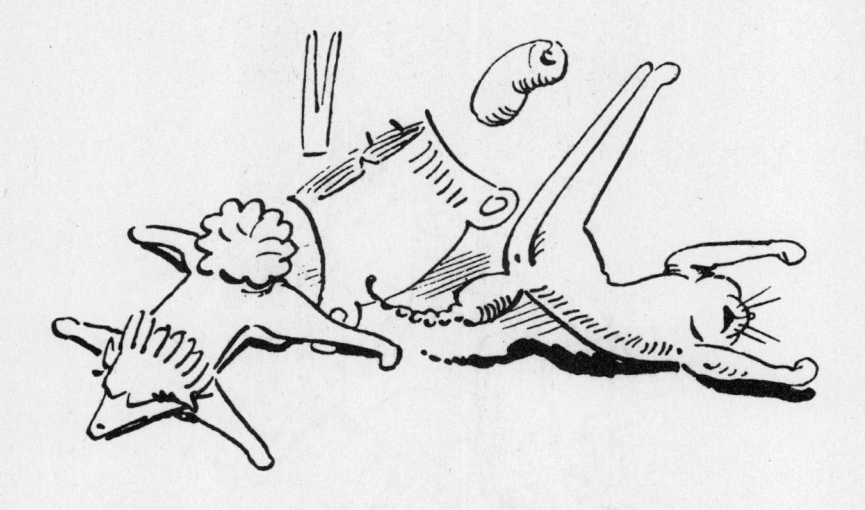

Und jeder ist wieder

für sich allein.

Seitdem ward Fipps von diesen zween
Als Meister verehrt und angesehn.

Neuntes Kapitel

Mit Recht erscheint uns das Klavier,
Wenn's schön poliert, als Zimmerzier.
Ob's außerdem Genuß verschafft,
Bleibt hin und wieder zweifelhaft.

Auch Fipps fühlt sich dazu getrieben,
Die Kunst in Tönen auszuüben.

Er zeigt sich wirklich recht gewandt,
Selbst mit der linken Hinterhand.

Und braucht er auch die Rechte noch,
Den Apfel, den genießt er doch.

Zu Kattermäng gehören zwei,
Er braucht sich bloß allein dabei.

Piano klingt auf diese Weise
Besonders innig, weich und leise.

Jetzt stimmen ein mit Herz und Mund
Der Kater Gripps und Schnipps der Hund.

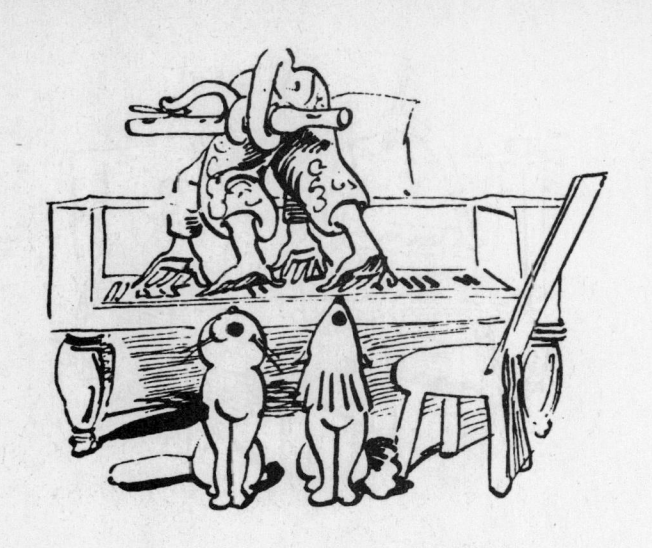

Bei dem Duett sind stets zu sehn
Zwei Mäuler, welche offen stehn.

Oft wird es einem sehr verdacht,
Wenn er Geräusch nach Noten macht.

Der Künstler fühlt sich stets gekränkt,
Wenn's anders kommt, als wie er denkt.

Zehntes Kapitel

Wöhnlich im Wechselgespräch beim angenehm schmeckenden Portwein
Saßen Professor Klöhn und Fink, der würdige Doktor.
Aber jener beschloß, wie folgt, die belehrende Rede:
„...Oh, verehrtester Freund! Nichts gehet doch über die hohe
Weisheit der Mutter Natur. — Sie erschuf ja so mancherlei Kräuter,

Harte und weiche zugleich, doch letztere mehr zu Gemüse.

Auch erschuf sie die Tiere, erfreulich, harmlos und nutzbar;
Hüllte sie außen in Häute, woraus man Stiefel verfertigt,
Füllte sie innen mit Fleisch von sehr beträchtlichem Nährwert;
Aber erst ganz zuletzt, damit er es dankend benutze,
Schuf sie des Menschen Gestalt und verlieh ihm die Öffnung des Mundes.

Aufrecht stehet er da, und alles erträgt er mit Würde."

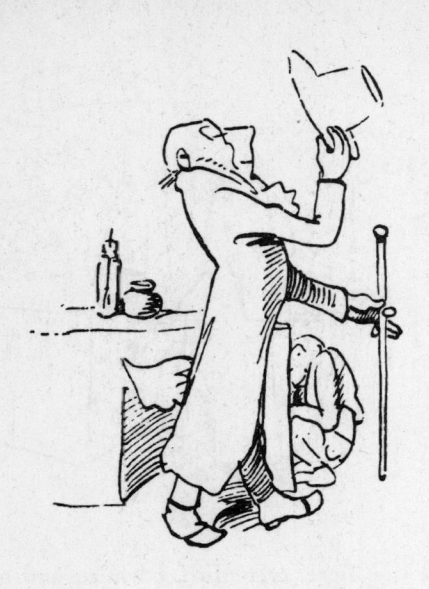

Also sprach der Professor, erhub sich und setzte den Hut auf.

Wehe, die Nase hernieder, ins Mundloch rieselt die Tinte.

Wehe, durch Gummi verklebt, fest haftet das nützliche Sacktuch.

Drohend mit Zorngebärde erhebt er den schlanken Spazierstock.

Autsch! Ein schmerzlich Geflecht umschlingt den schwellenden Daumen.

Hastig begibt er sich fort; indessen die Würde ist mäßig.

Elftes Kapitel

Wie gewöhnlich liest die Jette
Wieder nachts in ihrem Bette.
Auf dem Kopf hat sie die Haube,
In der Hand die Gartenlaube.
Hieran will sie sich erfreun,

Duselt, nickt und schlummert ein.
An das Unschlittkerzenlicht
Daran freilich denkt sie nicht. —
Erst brennt nur die Zeitungsecke

Dann der Vorhang, dann die Decke.
Schließlich brennt das ganze Haus;

Unten läuft man schon heraus. —

Vater Fink, er läuft nicht schlecht,
Trägt den treuen Stiefelknecht.

Mutter Fink, besorgt vor allen,
Rettet ihre Mäusefallen.

Jette schwebt vom Fensterrand;
Sie ist etwas angebrannt.

Doch sie sinkt ins Regenfaß,

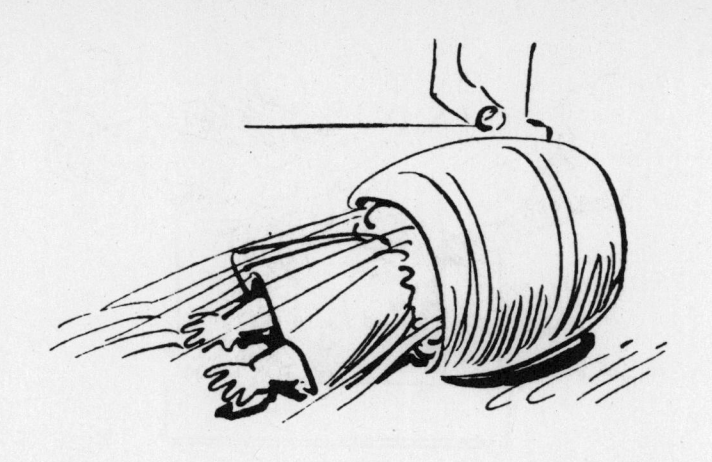

Wo es drinnen kühl und naß. —

Also sicher wären diese. —

Aber ach, wo ist Elise??!

Seht nach oben! Fipps, der Brave,
Hält das Kind, was fest im Schlafe.

Aus dem Fenster, hoch im Raume,
Schwingt er sich zum nächsten Baume.

Höchst besorgt wie eine Amme,
Rutscht er abwärts an dem Stamme.

Sanft legt er Elisen nieder.
Sie hat ihre Eltern wieder;
Und die Flasche steht dabei,
Falls Elise durstig sei. —

Zwölftes Kapitel

Fink hat versichert, Gott Lob und Dank!
Bei der Aachener Feuerversicherungs-Bank,
Und — nach zwei Jahren so ungefähr —
Wohnt er weit schöner als wie vorher.

Fipps natürlich, der hat es seitdem
In jeder Hinsicht sehr angenehm. —

Dies aber wird ihm im höchsten Grad
Unerträglich und wirklich fad.
Denn, leider Gottes, so ist der Schlechte,
Daß er immer was anderes möchte,
Auch hat er ein höchst verruchtes Gelüst,
Grad so zu sein, wie er eben ist.

Mal traf es sich, daß die Familie Fink
Zusammen aus- und spazieren ging,
Um nebst Besorgung von anderen Sachen
Professor Klöhn einen Besuch zu machen. —

Fipps sehnt sich förmlich nach bösen Streichen.
Sein Plan steht fest. Er will entweichen.

Schon ist er im Feld. Die Hasen fliehn.
Einen Wanderer sieht man des Weges ziehn.

Sehr heftig erschrickt der Wandersmann.
Die Töpfersfrau geht still voran.

Zuweilen fällt das Topfgeschirr,
Und dann zerbricht es mit großem Geklirr.
In jenem Haus da, so fügt's der Himmel,
Wohnt grad der bewußte Bauer Dümmel;

Und Dümmels Küchlein piepsen bang,
Denn Fipps zieht ihnen die Hälse lang.

Da steht auch Dümmels kleiner Sohn
Mit dem Butterbrot. —

Fipps hat es schon.

Des kleinen Dümmels durchdringender Schrei
Lockt seine erschrockene Mutter herbei.

Mit den Schreckensworten: „Da kummt de Dübel!!"
Fällt sie in einen dastehenden Kübel.

Doch Dümmel schreit und kennt ihn gleich wieder:
„Dat is de verdammtige Haresnieder!"

Schnell faßt er die Flinte, ein Schießeding,
Was da seit Anno funfzehn hing.

Auch versammeln sich eilig von jeglicher Seite
Die Nachbarsleute, gerüstet zum Streite.

Sie alle machen großmächtige Schritte,

Und plötzlich ruft einer: „Kiek, kiek, da sitt'e!"
Jetzt harrt ein jeglicher ängstlich und stumm.

Dümmel legt an. — Er zielt. — Er drückt. —

Dann geht es: Wumm!!
Groß ist der Knall und der Rückwärtsstoß,
Denn jahrelang ging diese Flinte nicht los.

Ende

Wehe! Wehe! Dümmel zielte wacker.
Fipps muß sterben, weil er so ein Racker. —

Wie durch Zufall kommen alle jene,
Die er einst gekränkt, zu dieser Szene.

Droben auf Adelens Dienersitze
Thront der Schwarze mit dem Nasenschlitze.
Mieke, Krüll und Köck mit seinem Bauch,
Wandrer, Töpfersfrau, der Bettler auch;
Alle kommen; doch von diesen allen
Läßt nicht einer eine Träne fallen.
Auch ist eine solche nicht zu sehn
In dem Auge von Professor Klöhn,
Der mit Fink und Frau und mit Elisen
Und mit Jetten wandelt durch die Wiesen.
Nur Elise faßte Fippsens Hand,
Während ihr das Aug voll Tränen stand.

„Armer Fipps!" so spricht sie herzig treu.
Damit stirbt er. Alles ist vorbei.

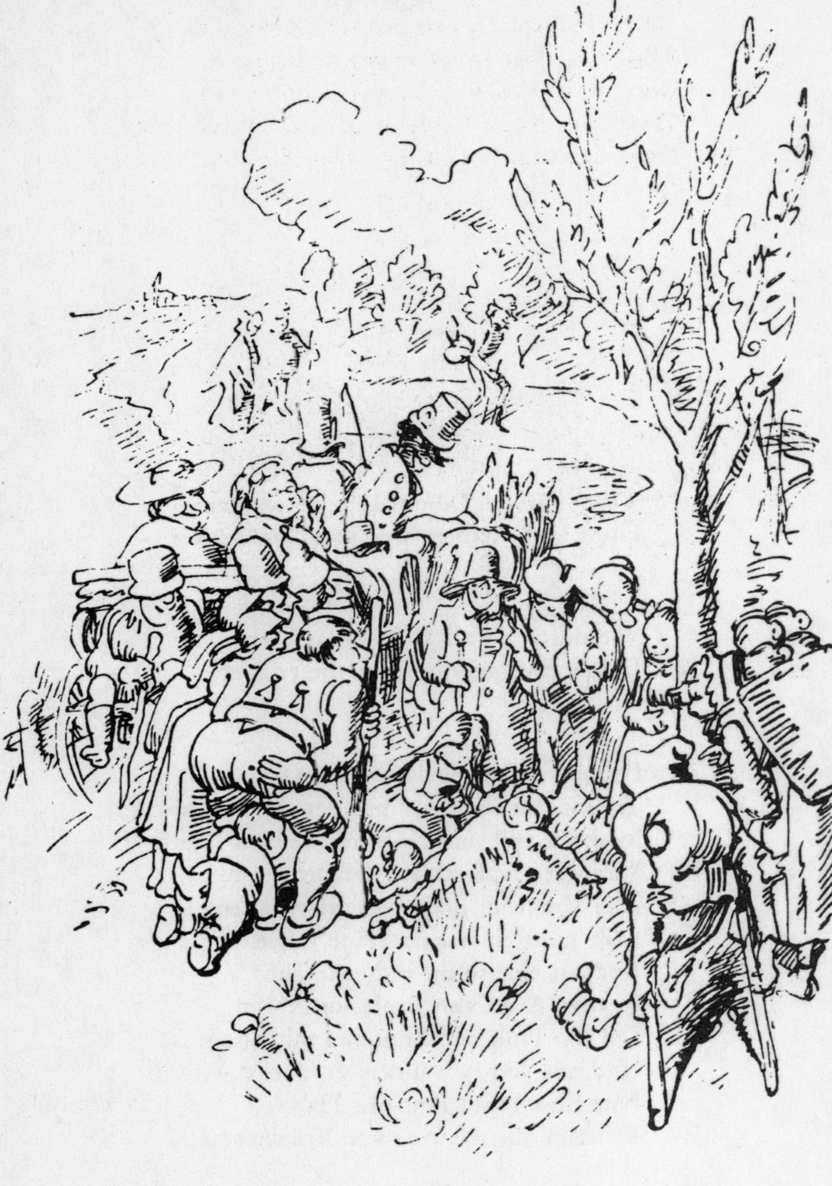

Man begrub ihn hinten in der Ecke,
Wo in Finkens Garten an der Hecke
All die weißen Doldenblumen stehn.
Dort ist, sagt man, noch sein Grab zu sehn.
Doch, daß Kater Gripps und Schnipps der Hund
Ganz untröstlich, sagt man ohne Grund.

DAS BAD
AM SAMSTAG ABEND

Hier sieht man Bruder Franz und Fritzen
Zu zweit in einer Wanne sitzen.

Die alte Lene geht; — und gleich
Da treibt man lauter dummes Zeug.

Denn Reinlichkeit ist für die zwei
Am Ende doch nur Spielerei. —

Jetzt will der Fritz beim Untertauchen
Nur seinen einen Finger brauchen.

Natürlich läuft ihm was ins Ohr,
Dem Franz kommt dieses lustig vor.

Das ärgert aber Bruder Fritzen,
Drum fängt er an den Franz zu spritzen.

Doch der mit seiner großen Zehe
Tut Fritzen an der Nase wehe;

Dafür taucht Fritz den Kopf ihm nieder,
Was so im Wasser sehr zuwider.

Franz aber zieht an Fritzens Bein;
Der zappelt sehr und kann nicht schrein.

In Mund und Auge, zornentbrannt,
Greift jetzt die rachbegier'ge Hand.

Die Wanne wird zu enge
Für dieses Kampfgedränge.

Perdatsch!! — Die alte, brave Lene
Kommt leider grad zu dieser Szene.

Sie spricht voll Würde und voll Schmerz:
„Die Reinlichkeit ist nicht zum Scherz!!"

Und die Moral von der Geschicht':
Bad zwei in einer Wanne nicht!

DAS PUSTEROHR

Hier sitzt Herr Bartelmann im Frein
Und taucht sich eine Brezel ein.

Der Franz mit seinem Pusterohr
Schießt Bartelmann ans linke Ohr.

„Ei, Zapperment" — so denkt sich der —
„Das kam ja wohl von unten her!"

„Doch nein" — denkt er — „es kann nicht sein!"
Und taucht die Brezel wieder ein.

Und — witsch — getroffen ist die Brezen,
Herrn Bartelmann erfaßt Entsetzen.

Und — witsch — jetzt trifft die Kugel gar
Das Aug', das sehr empfindlich war.

So daß dem braven Bartelmann
Die Träne aus dem Auge rann.

„Ei, Zapperment" — so denkt sich der —
„Das kommt ja wohl von oben her!" —

Aujau! Er fällt — denn mit Geblase
Schießt Franz den Pfeil ihm in die Nase.

Da denkt Herr Bartelmann: „Aha!
Dies spitze Ding, das kenn' ich ja!"

Und freudig kommt ihm der Gedanke:
Der Franz steht hinter dieser Planke!

Und — klapp! schlägt er mit seinem Topf
Das Pusterohr tief in den Kopf!

Drum schieß mit deinem Püstericht
Auf keine alten Leute nicht!

KNOPP-TRILOGIE

Der Junggesell

Herr und Frau Knopp.

ABENTEUER
EINES JUNGGESELLEN

Die Sache wird bedenklich

Sokrates, der alte Greis,
Sagte oft in tiefen Sorgen:
„Ach, wie viel ist doch verborgen,
Was man immer noch nicht weiß."

Und so ist es. — Doch indessen
Darf man eines nicht vergessen:
Eines weiß man doch hienieden,
Nämlich, wenn man unzufrieden. —

Dies ist auch Tobias Knopp,

Und er ärgert sich darob.

Seine zwei Kanarienvögel

Die sind immer froh und kregel,
Während ihn so manches quält,
Weil es ihm bis dato fehlt.

Ja, die Zeit entfliehet schnell;
Knopp, du bist noch Junggesell! —

Zwar für Stiefel, Bett, Kaffee
Sorgt die gute Dorothee;
Und auch, wenn er dann und wann
Etwas nicht alleine kann,

Ist sie gleich darauf bedacht,
Daß sie es zurechte macht.
Doch ihm fehlt Zufriedenheit. —

Nur mit großer Traurigkeit
Bleibt er vor dem Spiegel stehn,
Um sein Bildnis zu besehn.

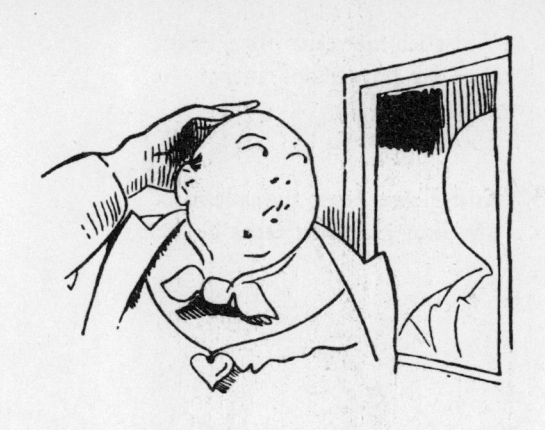

Vornerum ist alles blank;
Aber hinten, Gott sei Dank!
Denkt er sich mit frohem Hoffen,
Wird noch manches angetroffen.

Oh, wie ist der Schreck so groß!
Hinten ist erst recht nichts los;

Und auch hier tritt ohne Frage
Nur der pure Kopf zutage. —

Auch bemerkt er außerdem,
Was ihm gar nicht recht bequem,

Daß er um des Leibes Mitten
Längst die Wölbung überschritten,
Welche für den Speiseschlauch,
Bei natürlichem Gebrauch,
Wie zum Trinken, so zum Essen,
Festgesetzt und abgemessen. —
Doch es bietet die Natur
Hierfür eine sanfte Kur.

Draußen, wo die Blumen sprießen,
Karrelsbader Salz genießen
Und melodisch sich bewegen,
Ist ein rechter Himmelssegen;
Und es steigert noch die Lust,
Wenn man immer sagt: du mußt.

Knopp, der sich dazu entschlossen,

Wandelt treu und unverdrossen.

Manchmal bleibt er sinnend stehn,

Manchmal kann ihn keiner sehn.

Aber bald so geht er wieder
Treubeflissen auf und nieder. —

Dieses treibt er vierzehn Tage;
Darnach steigt er auf die Waage

Und da wird es freudig kund:
Heißa, minus zwanzig Pfund!

Wieder schwinden vierzehn Tage,
Wieder sitzt er auf der Waage,
Autsch, nun ist ja offenbar

Alles wieder, wie es war.

Ach, so denkt er, diese Welt
Hat doch viel, was nicht gefällt.

Rosen, Tanten, Basen, Nelken
Sind genötigt zu verwelken;

Ach — und endlich auch durch mich
Macht man einen dicken Strich.
Auch von mir wird man es lesen:
Knopp war da und ist gewesen.
Ach, und keine Träne fließt
Aus dem Auge, das es liest;
Keiner wird, wenn ich begraben,
Unbequemlichkeiten haben;
Keine Seele wird geniert,
Weil man keinen Kummer spürt.
Dahingegen spricht man dann:
Was geht dieser Knopp uns an?

Dies mag aber Knopp nicht leiden;
Beim Gedanken, so zu scheiden
In ein unverziertes Grab,
Drückt er eine Träne ab.

Sie liegt da, wo er gesessen,
Seinem Schmerze angemessen.

Dieses ist ja fürchterlich.
Also, Knopp, vermähle dich.
Mach dich auf und sieh dich um,
Reise mal 'n bissel rum.
Sieh mal dies und sieh mal das,
Und paß auf, du findest was.

Einfach ist für seine Zwecke
Das benötigte Gepäcke;

Und die brave Dorothee
Ruft: „Herr Knopp, nanu adjeh!"

Eine alte Flamme

Allererst und allsofort
Eilet Knopp an jenen Ort,
Wo sie wohnt die Wohlbekannte,
Welche sich Adele nannte;
Jene reizende Adele,
Die er einst mit ganzer Seele
Tiefgeliebt und hochgeehrt,
Die ihn aber nicht erhört,
So daß er, seit dies geschah,
Nur ihr süßes Bildnis sah.

Transpirierend und beklommen
Ist er vor die Tür gekommen,
Oh, sein Herze klopft so sehr,
Doch am Ende klopft auch er.

„Himmel" — ruft sie — „welches Glück!!"
(Knopp sein Schweiß, der tritt zurück)

„Komm, geliebter Herzensschatz,
Nimm auf der Berschäre Platz!

Nur an dich bei Tag und Nacht,
Süßer Freund, hab ich gedacht.

Unaussprechlich inniglich,
Freund und Engel, lieb ich dich!"

Knopp, aus Mangel an Gefühl,
Fühlt sich wieder äußerst schwül,
Doch in dieser Angstsekunde
Nahen sich drei fremde Hunde.

„Hilfe, Hilfe!" — ruft Adele —
„Hilf, Geliebter meiner Seele!!!"

Knopp hat keinen Sinn dafür.
Er entfernt sich durch die Tür. —

Schnell verläßt er diesen Ort.
Und begibt sich weiter fort.

Ein schwarzer Kollege

Knopp verfügt sich weiter fort
Bis an einen andern Ort.
Da wohnt einer, den er kannte,
Der sich Förster Knarrtje nannte. —

Unterwegs bemerkt er bald
Eine schwärzliche Gestalt,

Und nun biegt dieselbe schräg
Ab auf einen Seitenweg.

Sieh, da kommt ja Knarrtje her!

„Alter Knopp, das freut mich sehr!"

Traulich wandeln diese zwei
Nach der nahen Försterei.

„So, da sind wir, tritt hinein;
Meine Frau, die wird sich freun!"

„He, zum Teufel, was ist das?
Allez, Waldmann, allez faß!

Oh, tu tu verruchtes Weib,
Jetzt kommt Knarrtje dir zu Leib!"

Knopp's Vermittlung will nicht glücken,
Wums! da liegt er auf dem Rücken.

Schnell verläßt er diesen Ort
Und begibt sich weiter fort.

Rektor Debisch

Knopp begibt sich weiter fort
Bis an einen andern Ort.
Da wohnt einer, den er kannte,
Der sich Rektor Debisch nannte.

Er erteilet seinem Sohn
Eben eine Lektion,

Die er aber unterbricht,
Als er Knopp zu sehen kriegt.

Zu dem Sohne spricht er dann:
„Kuno, sag ich, sieh mich an!
Höre zu und merke auf!
Richte itzo deinen Lauf
Dahin, wo ich dir befehle,
Nämlich in die Kellerhöhle.
Dorten lieget auf dem Stroh
Eine Flasche voll Bordeaux.

Diese Flasche, sag ich dir,
Zieh herfür und bringe mir!"
Kuno eilet froh und prompt,
Daß er in den Keller kommt,
Wo er still und wohlgemut
Etwas von dem Traubenblut

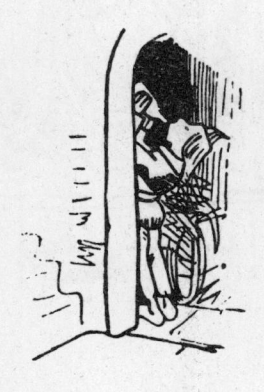

In sich selbst herüberleitet,
Was ihm viel Genuß bereitet.

Die dadurch entstandne Leere
Füllt er an der Regenröhre. —

Rotwein ist für alte Knaben
Eine von den besten Gaben.

Gern erhebet man das Glas.
Aber Knopp, der findet was.

„Ei" — spricht Debisch — „dieses ist,
Sozusagen Taubenmist.

Ei, wie käme dieses dann?
Kuno, sag ich, sieh mich an!!"

Drauf nach diesem strengen Blick
Kommt er auf den Wein zurück.

Aber Knopp verschmäht das Glas,
Denn schon wieder sieht er was.

„Dies" — spricht Debisch — „scheint mir ein
Neugeborner Spatz zu sein.

Ei, wie käme dieses dann?
Kuno, sag ich, sieh mich an!!
Deiner Taten schwarzes Bild
Ist vor meinem Blick enthüllt;
Und nur dieses sage ich:

Pfui, mein Sohn, entferne dich!! --"

Das ist Debisch sein Prinzip:
Oberflächlich ist der Hieb.
Nur des Geistes Kraft allein
Schneidet in die Seele ein.

Knopp vermeidet diesen Ort
Und begibt sich weiter fort.

Ländliches Fest

Knopp begibt sich weiter fort
Bis an einen andern Ort.
Da wohnt einer, den er kannte,
Der sich Meister Druff benannte.

Druff hat aber diese Regel:
Prügel machen frisch und kregel
Und erweisen sich probat
Ganz besonders vor der Tat.

Auch zum heut'gen Schützenfeste
Scheint ihm dies für Franz das beste.
Drum hört Knopp von weitem schon

Den bekannten Klageton.

Darnach wandelt man hinaus
Schön geschmückt zum Schützenhaus. —

Gleich verschafft sich hier der Franz
Eines Schweines Kringelschwanz,
Denn er hat es längst beachtet,
Daß der Wirt ein Schwein geschlachtet;

Und an Knoppens Fracke hing
Gleich darauf ein krummes Ding. —

Horch, da tönet Horngebläse
Und man schreitet zur Française.

Keiner hat so hübsch und leicht
Sich wie unser Knopp verbeugt;

Keiner weiß sich so zu wiegen
Und den Tönen anzuschmiegen;

Doch die höchste Eleganz
Zeiget er im Solotanz.
Hoch erfreut ist jedermann,
Daß Herr Knopp so tanzen kann.

Leider ist es schon vorbei.

Und er schreitet stolz und frei
Wiederum zu seinem Tische,

Daß er etwas sich erfrische.

Rums! — Der Franz entfernt die Bank,
So daß Knopp nach hinten sank! —

Zwar er hat sich aufgerafft,
Aber doch nur mangelhaft.

Und er fühlt mit Angst und Beben:

Knopp, hier hat es Luft gegeben! —

Schnell verläßt er diesen Ort
Und begibt sich weiter fort.

Die stille Wiese

Knopp begibt sich weiter fort
Bis an einen stillen Ort.

Hier auf dieser Blumenwiese,
Denn geeignet scheinet diese,

Kann er sich gemütlich setzen,
Um die Scharte auszuwetzen

Und nach all den Angstgefühlen
Sich ein wenig abzukühlen.

Hier ist alles Fried und Ruh,
Nur ein Häslein schauet zu.

Sieh da kommt der Bauer Jochen.
Knopp hat sich nur leicht verkrochen,

Doch mit Jochen seiner Frau
Nimmt er es schon mehr genau.

Kurz war dieser Aufenthalt.
Und mit Eifer alsobald
Richtet Knopp sein Augenmerk
Auf das angefangne Werk. —
Kaum hat er den Zweck erreicht,
Wird er heftig aufgescheucht,

Und es zeigt sich, ach herrje,
Jetzt sind Damen in der Näh.
Plumps! — Man kommt. — Indes von Knopp

Sieht man nur den Kopf, gottlob! —
Wie erschrak die Gouvernante,
Als sie die Gefahr erkannte,

Ängstlich ruft sie: „O mon dieu!
C'est un homme, fermez les yeux!"

Knopp, auf möglichst schnelle Weise,
Schlüpfet in sein Beingehäuse.

Dann verläßt er diesen Ort
Und begibt sich weiter fort.

Babbelmann

Knopp begibt sich weiter fort
Bis an einen andern Ort.

Da wohnt einer, den er kannte,
Der sich Babbelmann benannte,
Der ihm immer so gefallen
Als der Lustigste von allen.

Schau, da tritt er aus der Tür.

„Na", ruft Knopp, „jetzt bleib ich hier!"
Worauf Babbelmann entgegnet:

„Werter Freund, sei mir gesegnet!

Erstens in betreff Logis,
Dieses gibt es nicht allhie,
Denn ein Pater hochgelehrt
Ist soeben eingekehrt.

Zweitens dann: für Essen, Trinken
Seh ich keine Hoffnung blinken.
Heute mal wird nur gebetet,
Morgen wird das Fleisch getötet,
Übermorgen beichtet man,
Und dann geht das Pilgern an.

Ferner drittens, teurer Freund, —

Pist! — denn meine Frau erscheint!"

Knopp, dem dieses ungelegen,
Wünscht Vergnügen, Heil und Segen
Und empfiehlt sich alsobald

Äußerst höflich, aber kalt. —

Schnelle flieht er diesen Ort
Und begibt sich weiter fort.

Wohlgemeint wird abgelehnt

Knopp verfügt sich weiter fort
Bis an einen andern Ort.
Da wohnt einer, den er kannte,
Der sich Küster Plünne nannte.

Knopp, der tritt durchs Gartengatter.
Siehe, da ist Hemdgeflatter,
Woraus sich entnehmen läßt:
Plünnens haben Wäschefest.

Dieses findet Knopp bekräftigt
Dadurch, wie der Freund beschäftigt.

Herzlich wird er aufgenommen.
Plünne rufet: „Ei, willkommen!

Gleich besorg ich dir zu essen,
Halte mal das Kind indessen."

Knopp ist dieses etwas peinlich,
Plünne machet alles reinlich.

Knopp, der fühlt sich recht geniert.
Plünne hat derweil serviert.
Jetzt eröffnet er das Bette
Der Familienlagerstätte.

In dem Bette, warm und schön,
Sieht man eine Schale stehn.

Nämlich dieses weiß ein jeder:
Wärmehaltig ist die Feder.

Hat man nun das Mittagessen
Nicht zu knappe zugemessen,
Und, gesetzt den Fall, es wären
Von den Bohnen oder Möhren,
Oder, meinetwegen, Rüben
Ziemlich viel zurückgeblieben,
Dann so ist das allerbeste,
Daß man diese guten Reste
Aufbewahrt in einem Hafen,

Wo die guten Eltern schlafen,
Weil man, wenn der Abend naht,
Dann sogleich was Warmes hat.
Diese praktische Methode
Ist auch Plünnens ihre Mode.

„So" — ruft Plünne — „Freund, nanu
Setz dich her und lange zu!"

Knopp hat aber, wie man sieht,
Keinen rechten Appetit.

Schnell verläßt er diesen Ort
Und begibt sich weiter fort.

Freund Mücke

Knopp begibt sich weiter fort
Bis an einen andern Ort.
Da wohnt einer, den er kannte,
Welcher Mücke sich benannte.

Wie es scheint, so lebt Herr Mücke
Mit Frau Mücke sehr im Glücke.

Eben hier, bemerken wir,
Küßt er sie und spricht zu ihr:

„Also Schatz, ade derweil!
Ich und Knopp, wir haben Eil.
Im historischen Verein
Wünscht er eingeführt zu sein."

Bald so öffnet sich vor ihnen
Bei der Kirche der Kathrinen

Im Hotel zum blauen Aal
Ein gemütliches Lokal.

Mücke scheinet da nicht fremd,
Er bestellt, was wohlbekömmt.

Junge Hähnchen, sanft gebraten,
Dazu kann man dringend raten,

Und man darf getrost inzwischen
Etwas Rheinwein druntermischen.

Nötig ist auf alle Fälle,
Daß man dann Mussö bestelle.

Nun erfreut man sich selbdritt,
Denn Kathinka trinket mit!

„So jetzt wären wir so weit,
Knopp, du machst wohl Richtigkeit."

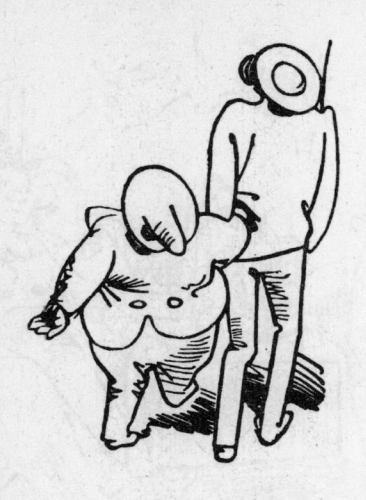

Lustig ist man fortspaziert
Zum Hotel, wo Knopp logiert.

Heftig bollert man am Tor,
Der Portier kommt nicht hervor.

„Komm", — ruft Mücke — „Knopp, komm hier,
Du logierst die Nacht bei mir!"

Schwierig, aus verschiednen Gründen,
Ist das Schlüsselloch zu finden.

So, so, so! Jetzt nur gemach,
Tritt hinein, ich komme nach.

Knopp schiebt los. Indessen Mücke
Bleibt mit Listigkeit zurücke.

Schrupp! — Wie Knopp hineingekommen,
Wird er an die Wand geklommen.
„Wart!" ruft Mückens Ehgemahl —
„Warte, Lump, schon wieder mal!?"

Weil sie ihn für Mücken hält,
Hat sie ihm so nachgestellt.

Hei! Wie fühlt sich Knopp erfrischt,
Als der Besen saust und zischt.

Bums! Er fällt in einen Kübel
Angefüllt mit dem, was übel.

Oh, was macht der Besenstiel
Für ein schmerzliches Gefühl!

Und als regellose Masse
Findet Knopp sich auf der Gasse.

Schnell verläßt er diesen Ort
Und begibt sich weiter fort.

Ein frohes Ereignis

Knopp verfügt sich weiter fort
Bis an einen andern Ort.
Da wohnt einer, den er kannte,
Der sich Sauerbrot benannte.

Sauerbrot, der fröhlich lacht,
Hat sich einen Punsch gemacht.

„Heißa!!" — rufet Sauerbrot —
„Heißa! meine Frau ist tot!!

Hier in diesem Seitenzimmer
Ruhet sie bei Kerzenschimmer.

Heute stört sie uns nicht mehr,
Also, Alter, setz dich her,

Nimm das Glas und stoße an,
Werde niemals Ehemann,
Denn als solcher, kann man sagen,
Muß man viel Verdruß ertragen.

Kauf Romane und Broschüren,
Zahle Flechten und Turnüren,
Seidenkleider, Samtjackets,
Zirkus- und Konzertbilletts —
Ewig hast du Nöckerei.
Gott sei Dank! Es ist vorbei!!"

Es schwellen die Herzen,
Es blinkt der Stern.
Gehabte Schmerzen,
Die hab ich gern.

Knarr! — da öffnet sich die Tür.

Wehe! Wer tritt da herfür!?
Madam Sauerbrot, die schein-
Tot gewesen, tritt herein.

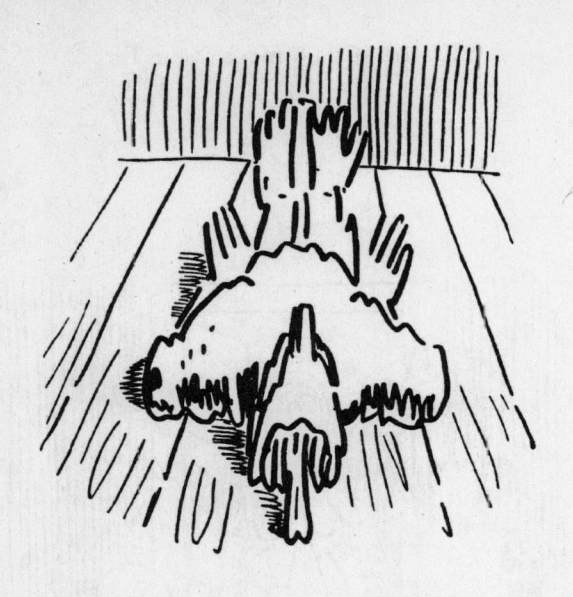

Starr vor Schreck wird Sauerbrot,
Und nun ist er selber tot. —

Knopp vermeidet diesen Ort
Und begibt sich eilig fort.

O weh!

Knopp verfügt sich weiter fort
Bis an einen andern Ort.
Da wohnt einer, den er kannte,
Welcher Piepo sich benannte.

Aus dem Garten tönt Gelächter,
Piepo ist's und seine Töchter.

„Dies, mein lieber Knopp, ist Hilda,
Dort die ältre heißt Klotilda.
Hilda hat schon einen Freier,
Morgen ist Verlobungsfeier,
Doch Klotilda, ei, ei, ei,
Die ist noch bis dato frei." —

Oh, wie ist der Abend milde!
Knopp, der wandelt mit Klotilde,
Die ihm eine Rose pflückt. —
Und er fühlt es tief beglückt:
Knopp, in diesem Augenblick
Da erfüllt sich dein Geschick. —

Drauf hat Piepo ihn geleitet,
Wo sein Lager zubereitet.
„Hier" — so spricht er — „dieser Saal
Ist für morgen Festlokal.

Hier zur Rechten ist die Klause,
Stillberühmt im ganzen Hause;

Und hier links da schlummerst du.
Wünsche recht vergnügte Ruh!"

Knopp ist durch und durch Gedanke
An Klotilde, jene Schlanke,
Und er drückt in süßem Schmerz
Ihre Rose an sein Herz.

„O Klotilde, du allein
Sollst und mußt die Meine sein." —
Darauf ist ihm so gewesen:
Knopp, du mußt noch etwas lesen. —
Gern erfüllt er sein Verlangen;
Still ist er hinausgegangen

Und bei seiner Kerze Strahl
Hingewandelt durch den Saal. —

Oftmals kann man müde sein,
Setzt sich hin und schlummert ein.

Erst des Morgens so um achte,
Als die Sonne freundlich lachte,
Dachte Knopp an sein Erwachen.
Er erwacht durch frohes Lachen. —
Dieses tut die Mädchenschar,
Welche schon beschäftigt war,

Um an dieses Festes Morgen
Für des Saales Schmuck zu sorgen.

„Ewig kannst du hier nicht sein" —
Denket Knopp voll Seelenpein.

Und so strömt er wohlverdeckt
Da hervor, wo er gesteckt.
Groß ist seines Laufes Schnelle;
Aber ach, die Kammerschwelle
Ist ihm äußerst hinderlich.

Hopsa! — Er entblättert sich. —

Heimlich flieht er diesen Ort
Und begibt sich weiter fort.

Abschreckendes Beispiel

Knopp begibt sich eilig fort
Bis zum höchsten Bergesort.

Hier in öder Felsenritzen
Sieht er einen Klausner sitzen.

Dieser Klausner, alt und greis,
Tritt aus seinem Steingehäus.

Und aus Knoppen seiner Tasche
Hebt er ernst die Wanderflasche.

„Ich" — so spricht er — „heiße Krökel
Und die Welt ist mir zum Ekel.

Alles ist mir einerlei.
Mit Verlaub, ich bin so frei.

O ihr Bürsten, o ihr Kämme,
Taschentücher, Badeschwämme,

Seife und Pomadebüchse,
Strümpfe, Stiefel, Stiefelwichse,
Hemd und Hose, alles gleich,
Krökel, der verachtet euch.

Mir ist alles einerlei.
Mit Verlaub, ich bin so frei.

O ihr Mädchen, o ihr Weiber,
Arme, Beine, Köpfe, Leiber,
Augen mit den Feuerblicken,
Finger, welche zärtlich zwicken

Und was sonst für dummes Zeug —
Krökel, der verachtet euch.

Mir ist alles einerlei.
Mit Verlaub, ich bin so frei.

Nur die eine, himmlisch Reine,
Mit dem goldnen Heilgenscheine,
Ehre, liebe, bet ich an;
Dich, die keiner kriegen kann,

Dich du süße, ei, ja, ja,
Heil'ge Emmerenzia.

Sonst ist alles einerlei.
Mit Verlaub, ich bin so frei."

Hiermit senkt der Eremit
Sich nach hinten. — Knopp entflieht.

Knopp, der denkt sich: dieser Krökel
Ist ja doch ein rechter Ekel;
Und die Liebe per Distanz,
Kurz gesagt, mißfällt mir ganz.

Schnell verlassend diesen Ort
Eilet er nach Hause fort.

Heimkehr und Schluß

Knopp, der eilt nach Hause fort,
Und, sieh da, schon ist er dort.

Grade lüftet seine nette,
Gute Dorothee das Bette.

„Mädchen" — spricht er — „sag mir ob —"
Und sie lächelt: „Ja, Herr Knopp!"

Bald so wird es laut verkündet:
Knopp hat ehlich sich verbündet,

Tobias Knopp

Dorothea Lickefett

Erst nur flüchtig und zivil,
Dann mit Andacht und Gefühl. —

Na, nun hat er seine Ruh.
Ratsch! — Man zieht den Vorhang zu.

Ermahnungen und Winke

O wie lieblich, o wie schicklich,
Sozusagen herzerquicklich,
Ist es doch für eine Gegend,
Wenn zwei Leute, die vermögend,
Außerdem mit sich zufrieden,
Aber von Geschlecht verschieden,
Wenn nun diese, sag ich, ihre
Dazu nötigen Papiere,
Sowie auch die Haushaltsachen
Endlich mal in Ordnung machen
Und in Ehren und beizeiten
Hin zum Standesamte schreiten,
Wie es denen, welche lieben,
Vom Gesetze vorgeschrieben;
Dann ruft jeder freudiglich:
„Gott sei Dank, sie haben sich!"

Daß es hierzu aber endlich
Kommen muß, ist selbstverständlich. —
Oder liebt man Pfänderspiele?
So was läßt den Weisen kühle.
Oder schätzt man Tanz und Reigen?
Von Symbolen laßt uns schweigen.
Oder will man unter Rosen
Innig miteinander kosen? —
Dies hat freilich seinen Reiz;
Aber elterlicherseits
Stößt man leicht auf so gewisse
Unbequeme Hindernisse,
Und man hat, um sie zu heben,
Als verlobt sich kundzugeben. —

Das ist allerdings was Schönes;
Dennoch mangelt dies und jenes.
Traulich im Familienkreise
Sitzt man da und flüstert leise,
Drückt die Daumen, küßt und plaudert,
Zehne schlägt's, indes man zaudert,
Mutter strickt und Vater gähnt,
Und, eh man was Böses wähnt,
Heißt es: „Gute Nacht, bis morgen!"

Tief im Paletot verborgen,
Durch die schwarzen, nassen Gassen,
Die fast jeder Mensch verlassen,
Strebt man unmutsvoll nach Hause
In die alte, kalte Klause,
Wühlt ins Bett sich tief und tiefer,
Schnatteratt! so macht der Kiefer,
Und so etwa gegen eine
Kriegt man endlich warme Beine.
Kurz, Verstand sowie Empfindung
Dringt auf ehliche Verbindung. —

Dann wird's aber auch gemütlich.
Täglich, stündlich und minütlich
Darf man nun vereint zu zween
Arm in Arm spazieren gehen!
Ja, was irgend schön und lieblich,
Segensreich und landesüblich
Und ein gutes Herz ergetzt,
Prüft, erfährt und hat man jetzt.

HERR UND FRAU KNOPP

Eheliche Ergötzlichkeiten

Ein schönes Beispiel, daß obiges wahr,
Bieten Herr und Frau Knopp uns dar.

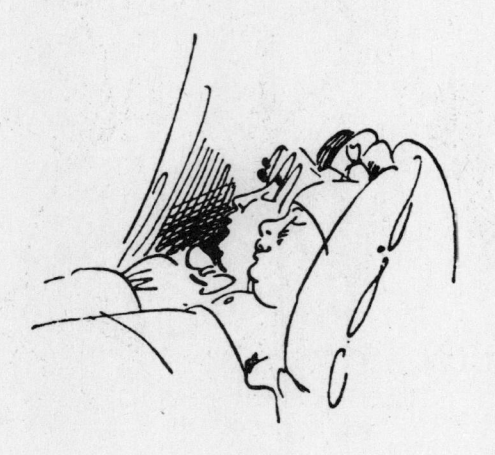

Hier ruht er mit seiner getreuen Dorette
Vereint auf geräumiger Lagerstätte.

Früh schon erhebt man die Augenlider,
Lächelt sich an und erkennt sich wieder,

Um alsobald mit einem süßen
Langwierigen Kusse sich zu begrüßen.

Knopp aber, wie er gewöhnlich pflegt,
Ist gleich sehr neckisch aufgelegt.

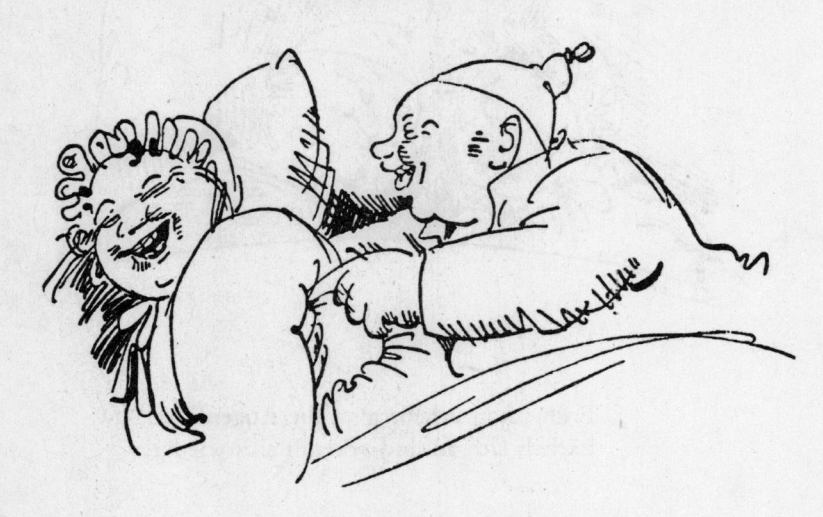

Ganz unvermutet macht er: Kieks!
Hierauf erhebt sich ein lautes Gequieks.
Dorette dagegen weiß auch voll List,
Wo Knopp seine lustige Stelle ist.

Nämlich er hat sie unten am Hals.
Kiewieks! Jetzt meckert er ebenfalls.

Nun freilich möchte sich Knopp erheben
Und schnell vom Lager hinwegbegeben,
Wird aber an seines Kleides Falten

Spiralenförmig zurückgehalten.
Husch! Er nicht faul, eh man sich's denkt,
Hat sich nach hinten herumgeschwenkt

Und unter die Decke eingebohrt,
Wo man recht fröhlich herumrumort. —

Nach diesen gar schönen Lustbarkeiten
Wird's Zeit zur Toilette zu schreiten.

Gern wendet Frau Doris anitzo den Blick
Auf Knopp sein Beinbekleidungsstück,
Welches ihr immer besonders gefiel
Durch Ausdruck und wechselndes Mienenspiel.

Bald schaut's so drein mit Grimm und Verdruß,

Bald voller Gram und Bekümmernus.

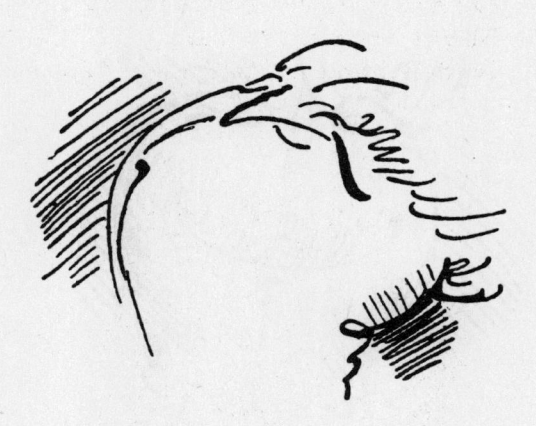

Bald zeigt dies edle Angesicht
Nur Stolz und kennt keinen Menschen nicht.

Aber bald schwindet der Übermut;
Es zeigt sich von Herzen sanft und gut,

Und endlich nach einer kurzen Zeit
Strahlt es in voller Vergnüglichkeit. —

Dorettens Freude hierüber ist groß.
Knopp aber ist auch nicht freudenlos;

Denn ihm lächelt friedlich und heiter,
Nach unten spitzig, nach oben breiter,
Weißlich blinkend und blendend schön,
Ein hocherfreuliches Phänomen.
Besonders zeigt sich dasselbe beim Sitzen,

In der Mädchensprache nennt man's Blitzen. —
„Madam, es blitzt!" ruft Knopp und lacht.

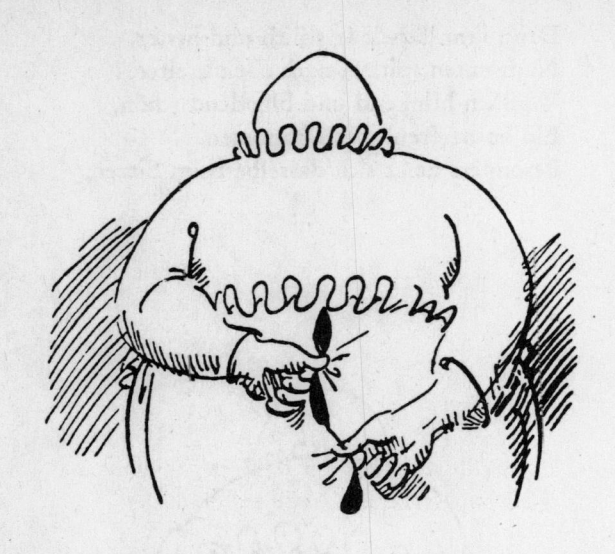

Schlupp! wird die Sache zugemacht.

Der alte Junge hat's gut

Die Frühstückszeit hat Knopp vor allen,
Weil sehr behaglich, sehr gefallen.

Nachdem die Liese aufgetischt,

Hat Doris ihm den Trank gemischt.
Und außerdem genießt er heute

Noch eine ganz besondre Freude.

Frau Doris schenkt ihm eine Mütze,
Die rings mit Perlen und mit Litze
In Form von einem Kranz der Reben
Gar schön umwunden und umgeben.

Sehr freut ihn dieser Kopfbehälter,
Denn nach Micheli wird es kälter

Und weht schon oft ein herber Hauch,
Und außerdem verziert es auch.

Stolz sitzt er da auf seinem Sitze;
Das Haupt verschönt die Morgenmütze

Die Pfeife ist ihm Hochgenuß,
Und Doris hält den Fidibus.

Schnell flieht der Morgen. — Unterdessen
Bereitet man das Mittagessen. —
Was dies betrifft, so muß man sagen,
Kann Knopp sich wirklich nicht beklagen.
Zum Beispiel könnt er lange suchen
Nach solchem guten Pfannekuchen.
Hierin ist Doris ohne Fehl.
Stets nimmt sie einen Löffel Mehl,
Die nöt'ge Milch, dazu drei Eier,
Ja vier sogar, wenn sie nicht teuer,
Quirlt dies sodann und backt es braun
Mit Sorgfalt und mit Selbstvertraun;

Und jedesmal spricht Knopp vergnüglich:
„Der Pfannekuchen ist vorzüglich!"

O wie behaglich kann er nun
An Doris' treuem Busen ruhn.
Gern hat er hierbei auf der Glatze
Ein loses, leises Kribbelkratze.
So schläft er mit den Worten ein:
„Wie schön ist's, Herr Gemahl zu sein!"

Ein Mißgriff

Der Samstag ist meistens so ein Tag,
Den der Vater nicht leiden mag.
Es wirbelt der Staub, der Besen schwirrt,
Man irrt umher und wird verwirrt.

Hier oben auf der Fensterbank
Steht Liese und macht die Scheiben blank.

Knopp, welcher seine Pfeife vermißt
Und gar nicht weiß, wo sie heute ist,
Schweift sorgenschwer im Haus umher,
Ob sie nicht wo zu finden wär.

Er denkt: „Wo mag die Pfeife sein?"
Und zwickt die Liese ins Bein hinein.

Obgleich dies nur ganz unten geschehen,
Frau Doris hat es nicht gern gesehen.

Sie ruft: „Das bitt ich mir aber aus!
Abscheuliches Mädchen, verlasse das Haus!"

So wären denn Knoppens also mal
Ohne weibliches Dienstpersonal,

Und morgens in früher Dämmerung
Hat Knopp eine schöne Beschäftigung. —

Alsbald so steht es im Wochenblatt,
Daß man Bedienung nötig hat.

Infolgedessen mit sanfter Miene
Erscheint eine Jungfrau namens Kathrine,

Welche hochheilig und teuer versprochen,
Stets fleißig zu putzen, beten, backen und kochen

Hierin ist sie auch einerseits rühmlich,
Anderseits aber recht eigentümlich!

Erglänzt zum Beispiel am Sirupstopfe
Der unvermeidliche zähe Tropfe —

Schluppdiwutsch! — so schafft sie ihn dort
Mit schnellem Schwunge der Zunge fort.

Oder wenn sich beim Backen vielleicht
Irgendwo irgendwie irgendwas zeigt —

Schluppdiwutsch! sie entfernt es gleich
Durch einen doppelten Bogenstreich. —

Obschon dies sehr geschickt geschehen,
Frau Knoppen hat es nicht gern gesehen.
Sie ruft: „Das bitt ich mir aber aus!
Abscheuliches Mädchen, verlasse das Haus!"

So wären denn Knoppens zum andern Mal
Ohne weibliches Dienstpersonal.

Knopp aber in früher Dämmerung
Hat eine schöne Beschäftigung.

Alsbald so setzt man ins Wochenblatt,
Daß man ein Mädchen nötig hat!
Hierauf erscheint nach kurzer Zeit

Eine Jungfrau mit Namen Adelheid,
Welche hochheilig und teuer versprochen,
Stets fleißig zu putzen, beten, backen und kochen.

Auch kann sie dieses; und augenscheinlich
Ist sie in jeder Beziehung sehr reinlich.

Pünktlich pflegt sie und ohne Säumen
Die ehliche Kammer aufzuräumen.

Recht angenehm ist dann der Kamm,
Pomade und Seife von Madam.

Doch für die Zähne verwendet sie gern
Den Apparat des gnädigen Herrn. —

Obgleich dies zu guten Zwecken geschehen,
Frau Knoppen hat es nicht gern gesehen.
Sie ruft: „Das bitt ich mir aber aus!
Abscheuliches Mädchen, verlasse das Haus!"

Knopp aber in früher Dämmerung
Hat eine neue Beschäftigung.

Knopp geht mal aus

Bekanntlich möchte in dieser Welt
Jeder gern haben, was ihm gefällt.
Gelingt es dann mal dem wirklich Frommen,
An die gute Gabe dranzukommen,
Um die er dringend früh und spat
Aus tiefster Seele so inniglich bat,
Gleich steht er da, seufzt, hustet und spricht:
„Ach Herr, nun ist es ja doch so nicht!"

Auch Knopp ist heute etwas ergrimmt
Und über sein ehliches Glück verstimmt.
Grad gibt es den Abend auch Frikadellen,
Die unbeliebt in den meisten Fällen.

Er lehnt sie ab mit stillem Dank,
Zieht seinen Frack aus dem Kleiderschrank,

Und ohne sich weiter an was zu kehren,
Wandelt er trotzig zum goldenen Bären! —

„Potztausend, also auch mal hier!"
So rufen freudig beim Öffnen der Tür
Der kunstreiche Doktor Pelikan
Und Bello, der Förster und Jägersmann.

Knopp aber redet nicht eben viel;
Hat auch nicht Lust zum Solospiel;

Sondern tief in sich selbst gekehrt
Hat er sein Schöppchen Bier geleert.

Punkt zehn schließt er die Rechnung ab

Und begibt sich zu Haus in gelindem Trab.

Unfreundlicher Empfang

Grollend hat Madam soeben
Sich bereits zur Ruh begeben.

Freundlich naht sich Knopp und bang —

Bäh! — nicht gut ist der Empfang.

Demutsvoll und treu und innig
Spricht er: „Doris, schau da bin ich!"

Aber heftig stößt dieselbe —
Bubb! — ihn auf sein Leibgewölbe.

Dieses hat ihn sehr verdrossen.
Tiefgekränkt, doch fest entschlossen,
Schreitet er mit stolzem Blick

Wieder ins Hotel zurück.
Heißa, jetzt ist Knopp dabei,
Kartenspiel und was es sei.

Elfe, zwölfe schlägt die Glocke;
Man genießt verschiedene Groge,

Dreimal kräht des Hauses Hahn,
Bis der letzte Trunk getan.

Heimkehr

Knopp ist etwas schwach im Schenkel,
Drum so führt man ihn am Henkel.

Glücklich hat es sich getroffen,
Daß das Küchenfenster offen.

Man erhebt ihn allgemach
Und dann schiebt man etwas nach.

Düster ist der Küchenraum;

Platsch! Man fällt und sieht es kaum.

Ratsam ist es nachzuspähen,
Wo die Schwefelhölzer stehen.

Kracks! Da stößt das Nasenbein
Auf den offnen Küchenschrein.

Peinlich ist ihm das Gefühl;

Aber er verfolgt sein Ziel.

Oha! — Wieder geht er irr.
Dieses ist das Milchgeschirr.

Dies dagegen ist die volle,
Sanftgeschmeidge Butterstolle.

Doch hier hinten in der Ecke
Kommt er jetzt zu seinem Zwecke.

Autsch! — Er schreit mit lautem Schalle
Und sitzt in der Mausefalle.

Jetzo kommt ihm der Gedanke,
Nachzuspüren auf dem Schranke.

Ach! Vom Kopfe bis zum Fuß
Rinnt das gute Zwetschenmus.

Doch zugleich mit dieser Schwärze
Kriegt er Feuerzeug und Kerze.

Freilich muß er häufig streichen,
Ohne etwas zu erreichen.

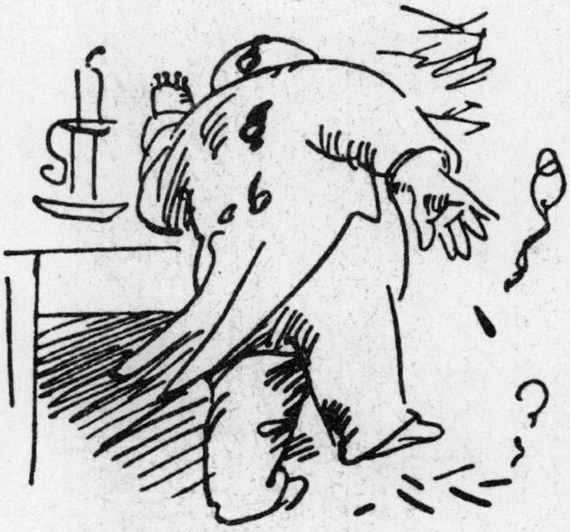

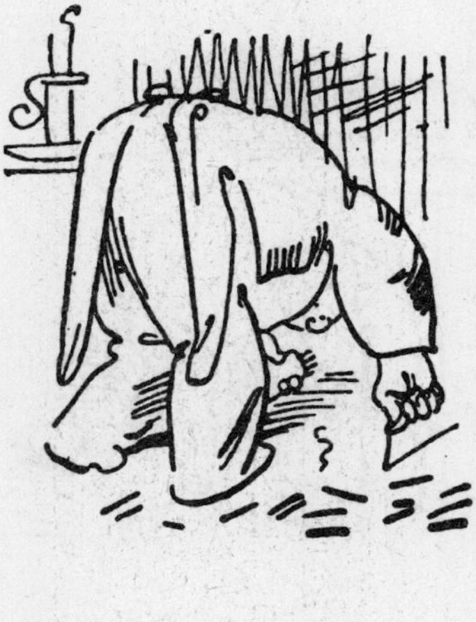

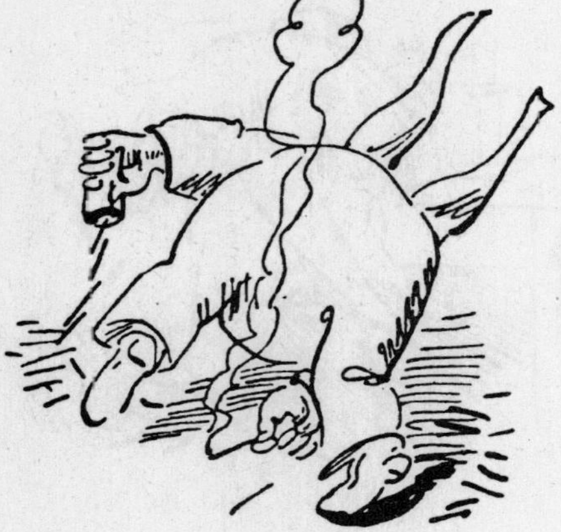

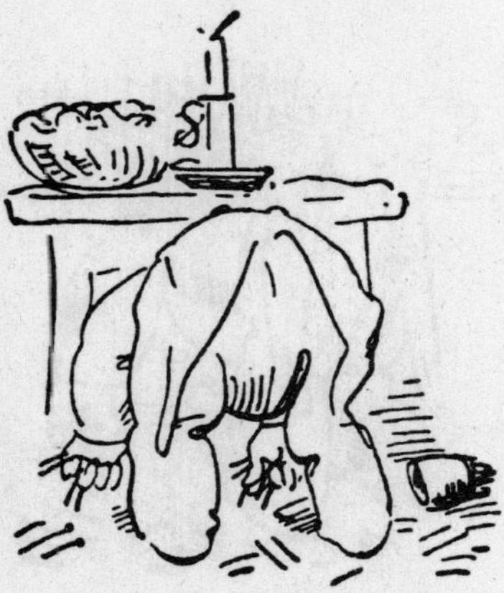

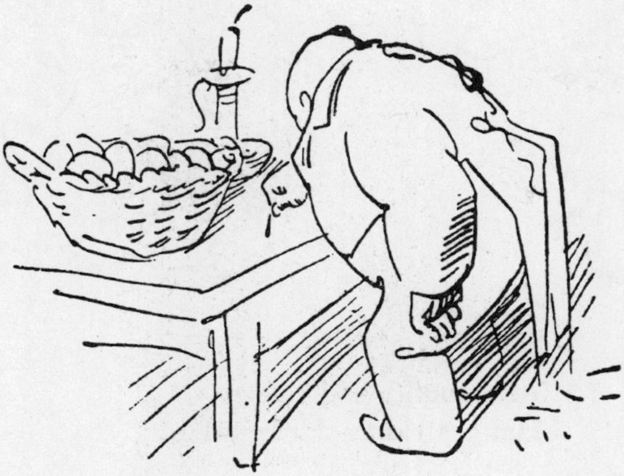

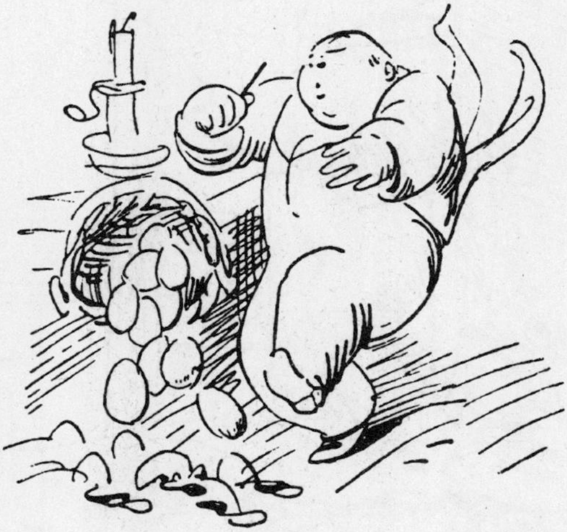

Aber endlich und zuletzt
Hat er's richtig durchgesetzt.

Jetzt zur Ruh sich zu begeben

Ist sein sehnlichstes Bestreben.

Hier ist nun die Kammertür.
Ach, man schob den Riegel für.

Demnach muß er sich bequemen,
Auf der Schwelle Platz zu nehmen.

So ruht Knopp nach alledem
Fest, doch etwas unbequem.

Donner und Blitz

Hier sitzt Knopp am selbigen Morgen
Greulich brütend im Stuhl der Sorgen;
Tyrann vom Scheitel bis zur Zeh;
Und heftig tut ihm der Daumen weh.

Ei, schau! Die Liese ist wieder gekommen!
Ist Knopp egal. Man hört ihn brommen.

Reumütig nahet Frau Doris sich.
Knopp zeigt sich als schrecklicher Wüterich.

Perdatsch! — Mit einem großen Geklirr
Entfernt er das schöne Porzlangeschirr.

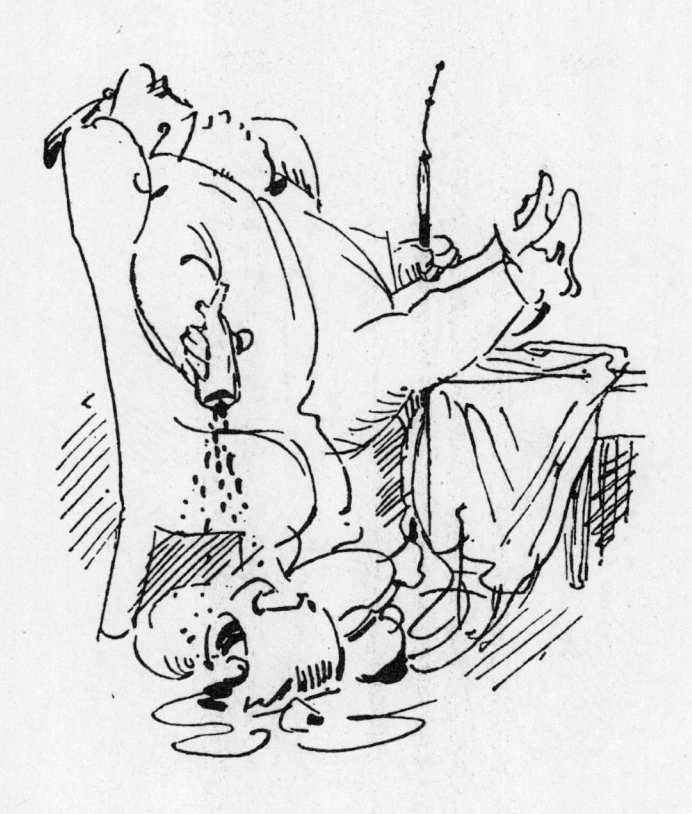

Dann klopft er über den ganzen Graus,
Ohne Rücksicht zu nehmen, die Pfeife aus.

Mit Tränen tritt Frau Doris hervor
Und sagt ihm ein leises Wörtchen ins Ohr.

Dies Wort fährt ihm wie Donner und Blitz
Durch Kopf, Herz, Leib in den Sorgensitz.

Und tief erschüttert und allsogleich
Zeigt er sich milde, gerührt und weich.

Ängstlicher Übergang und friedlicher Schluß

Wohlbekannt im ganzen Orte,
Mit der Klingel an der Pforte

Ist die Brave, Ehrenwerte,
Ofterprobte, Vielbegehrte,

Welche sich Frau Wehmut schrieb;
Und ein jeder hat sie lieb. —

Mag es regnen oder schneen,
Mag der Wind auch noch so wehen,
Oder wär sie selbst nicht munter,
Denn das kommt ja mal mitunter —
Kaum ertönt an ihrer Klingel
Das bekannte: Pingelpingel!
Gleich so ist Frau Wehmut wach
Und geht ihrer Nahrung nach.

Heute ist sie still erschienen,
Um bei Knoppens zu bedienen.

Auf dem Antlitz Seelenruhe,
An den Füßen milde Schuhe,
Wärmt sie sorglich ihre Hände,
Denn der Sommer ist zu Ende.

Also tritt sie sanft und rein
Leise in die Kammer ein.

Auch den Doktor Pelikan
Sieht man ernst bedächtig nahn,

Und es sagt sein Angesicht:
Wie es kommt, das weiß man nicht. —

Oh was hat in diesen Stunden

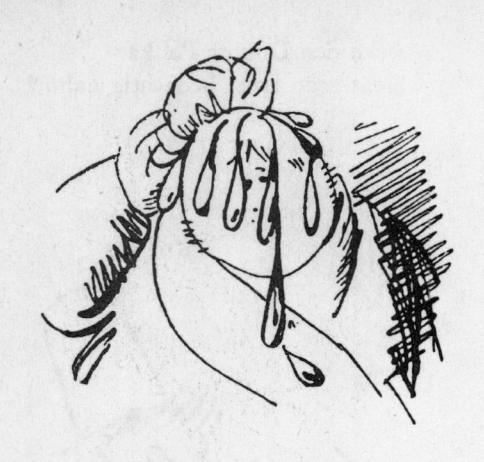

Knopp für Sorgen durchempfunden!

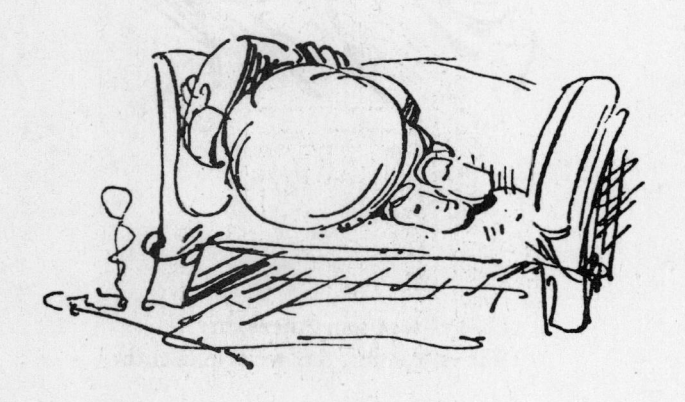

Rauchen ist ihm ganz zuwider.
Seine Pfeife legt er nieder.

Ganz vergebens tief im Pult
Sucht er Tröstung und Geduld.

Oben auf dem hohen Söller,

Unten in dem tiefen Keller —
Wo er sich auch hinverfüge,
Angst verkläret seine Züge.

Ja, er greifet zum Gebet,
Was er sonst nur selten tät. —

Endlich öffnet sich die Türe —
Und es heißt: ich gratuliere!

Friedlich lächelnd, voller Demut,
Wie gewöhnlich, ist Frau Wehmut. —
Stolz ist Doktor Pelikan,
Weil er seine Pflicht getan. —

Aber unser Vater Knopp
Ruft in einem fort: Gottlob!

Na, jetzt hat er seine Ruh. —

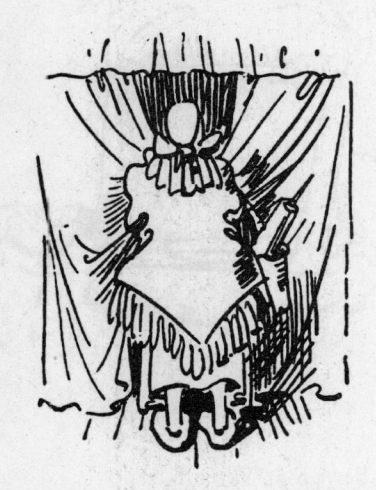

Ratsch! Man zieht den Vorhang zu.

JULCHEN

Vorbemerk

Vater werden ist nicht schwer,
Vater sein dagegen sehr. —

Ersteres wird gern geübt,
Weil es allgemein beliebt.
Selbst der Lasterhafte zeigt,
Daß er gar nicht abgeneigt;
Nur will er mit seinen Sünden
Keinen guten Zweck verbinden,
Sondern, wenn die Kosten kommen,
Fühlet er sich angstbeklommen.
Dieserhalb besonders scheut
Er die fromme Geistlichkeit,
Denn ihm sagt ein stilles Grauen:
Das sind Leute, welche trauen. —
So ein böser Mensch verbleibt
Lieber gänzlich unbeweibt. —

Ohne einen hochgeschätzten
Tugendsamen Vorgesetzten
Irrt er in der Welt umher,
Hat kein reines Hemde mehr,

Wird am Ende krumm und faltig,
Grimmig, greulich, ungestaltig,
Bis ihn dann bei Nacht und Tag
Gar kein Mädchen leiden mag.
Onkel heißt er günst'gen Falles,
Aber dieses ist auch alles. —

Oh, wie anders ist der Gute!
Er erlegt mit frischem Mute
Die gesetzlichen Gebühren,
Läßt sich redlich kopulieren,
Tut im stillen hocherfreut
Das, was seine Schuldigkeit,
Steht dann eines Morgens da
Als ein Vater und Papa
Und ist froh aus Herzensgrund,
Daß er dies so gut gekunnt.

Julchen als Wickelkind

Also, wie bereits besprochen:
Madame Knoppen ist in Wochen,
Und Frau Wehmut, welche kam
Und das Kind entgegennahm,
Rief und hub es in die Höh:
„Nur ein Mädel, ach herrje!"
(Oh, Frau Wehmut, die ist schlau;
So was weiß sie ganz genau!)
Freilich Knopp, der will sich sträuben,
Das Gesagte gleich zu gläuben;
Doch bald überzeugt er sich,

Lächelt etwas säuerlich
Und mit stillgefaßten Zügen
Spricht er: „Na, denn mit Vergnügen!!"

Dieses Kind hat eine Tante,
Die sich Tante Julchen nannte;

Demnach kommt man überein,
Julchen soll sein Name sein.

Julchen, als ein Wickelkind,
Ist so, wie so Kinder sind.

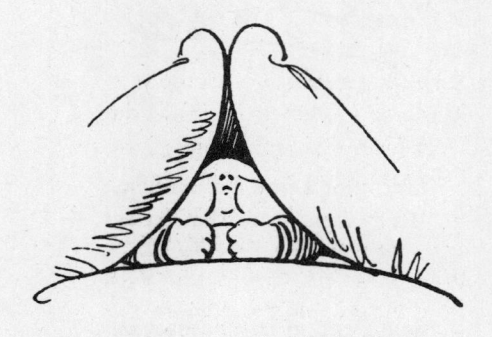

Manchmal schläft es lang und feste,
Tief versteckt in seinem Neste.

Manchmal mit vergnügtem Sinn
Duselt es so für sich hin.

Manchmal aber wird es böse,
Macht ein lautes Wehgetöse

Und gibt keine Ruhe nicht,
Bis es was zu lutschen kriegt. —

Sein Prinzip ist überhaupt:
Was beliebt ist auch erlaubt;

Denn der Mensch als Kreatur
Hat von Rücksicht keine Spur. —

O ihr, die ihr Eltern seid,
Denkt doch an die Reinlichkeit!

Wahrlich, hier gebührt Frau Knopp
Preis und Ehre, Dank und Lob.

Schon in früher Morgenstund
Öffnet sie den Wickelbund,

Gleichsam wie ein Postpaket,
Worauf Knopp beiseite geht.

Mit Intresse aber sieht
Er, was fernerhin geschieht.

Macht man Julchens Nase reinlich,
So erscheint ihm dieses peinlich.

Wie mit Puder man verfährt,
Dünkt ihm höchst bemerkenswert.

Freudevoll sind alle drei,
Wenn die Säuberung vorbei.

Nun mag Knopp sich gern bequemen,
Julchen auch mal hinzunehmen.

Flötend schöne Melodieen,
Schaukelt er es auf den Knieen.

Auf die Backe mit Genuß
Drückt er seinen Vaterkuß.

Eine unruhige Nacht

Einszweidrei, im Sauseschritt
Läuft die Zeit; wir laufen mit. —

Julchen ist hübsch kugelrund
Und schon ohne Wickelbund. —

Es ist Nacht. — Frau Doris ruht,
Während Knopp das Seine tut.

Aber Julchen in der Wiegen
Will partout nicht stille liegen.

Er bedenkt, daß die Kamille
Manchmal manche Schmerzen stille.

Wirkungslos ist dieser Tee.
Julchen macht: rabäh, rabäh!

Lieber Gott, wo mag's denn fehlen?
Oder sollte sonst was quälen?

O wie gern ist Knopp erbötig
Nachzuhelfen, wo es nötig.

Aber weh, es will nicht glücken,
Und nun klopft er sanft den Rücken. —

Oder will's vielleicht ins Bette,
Wo auf warmer Lagerstätte

Beide Eltern in der Näh?
Nein, es macht: rabäh, rabäh!

Schau! Auf einmal wird es heiter. —
Knopp begibt sich eilig weiter

Und bemerkt nur dieses noch:
„Ei potztausend! Also doch!!"

Ein festlicher Morgen

Einszweidrei, im Sauseschritt
Läuft die Zeit; wir laufen mit. —

Julchen ist schon sehr verständig
Und bewegt sich eigenhändig. —

Heut ist Feiertag; und siehe!
Schon streicht Knopp in aller Frühe
Luftiglosen Seifenschaum
Auf des Bartes Stachelflaum.
Heut will er zur Messe gehn,
Denn da singt man doch so schön.

Frau Dorette trägt getreu
Frack und Biberhut herbei.

Julchen gibt indessen acht,
Was der gute Vater macht.

Bald ist seine Backe glatt,
Weil er darin Übung hat.

In die Kammer geht er nun,
Julchen macht sich was zu tun.

Gern ergreifet sie die Feder
An des Vaters Schreibkatheder.

Reizend ist die Kunstfigur
Einer Ticktacktaschenuhr.

Ach herrje! Es geht klabum!
Julchen schwebt; der Stuhl fällt um.

Allerdings kriegt Julchen bloß
Einen leichten Hinterstoß,

Doch die Uhr wird sehr versehrt
Und die Tinte ausgeleert. —

Schmiegsam, biegsam, mild und mollig
Ist der Strumpf, denn er ist wollig.

Drum wird man ihn gern benutzen,
Um damit was abzuputzen. —

Wohlbesorgt ist dieses nun.
Julchen kann was andres tun.

Keine Messer schneiden besser,
Wie des Bartes Putzemesser.
Wozu nützen, warum sitzen
An dem Frack die langen Spitzen??
Hier ein Schnitt und da ein Schnitt,
Ritscheratsche, weg damit. —

Wohlbesorgt ist dieses nun.
Julchen kann was andres tun. —

In des Vaters Pfeifenkopf
Setzt sich oft ein fester Pfropf,

Ja, was schlimmer, die bewußte
Alte, harte, schwarze Kruste;

Und der Raucher sieht es gerne,
Daß man sie daraus entferne.

Wohlbesorgt ist dieses nun.
Julchen kann was andres tun. —

Stattlich ist der Biberhut;
Manchmal paßt er nur nicht gut.

Niemals soll man ihn benützen,
Um bequem darauf zu sitzen.

Seht, da kommt der Vater nun,
Um den Frack sich anzutun.

Schmerzlich sieht er, was geschehn,
Und kann nicht zur Messe gehn.

Böse Knaben

Einszweidrei, im Sauseschritt
Läuft die Zeit; wir laufen mit. —

Unsre dicke, nette Jule
Geht bereits schon in die Schule,

Und mit teilnahmsvollem Sinn
Schaut sie gern nach Knaben hin.

Einer, der ihr nicht gefiel,
Das ist Dietchen Klingebiel.

Ferdinandchen Mickefett
Scheint ihr nicht besonders nett.

Peter Sutitt, frech und dick,
Hat natürlich auch kein Glück.

Försters Fritze, blond und kraus,
Ja, der sieht schon besser aus.

Keiner kann wie er so schön
Grade auf dem Kopfe stehn;

Und das Julchen lacht und spricht:
„So wie Fritze könnt ihr's nicht!"

Kränkend ist ein solches Wort.
Julchen eilt geschwinde fort.

Knubbs! Da stoßen die drei Knaben
Julchen in den feuchten Graben

Und sie fühlen sich entzückt,
Daß der Streich so gut geglückt.

Wartet nur, da kommt der Fritze!
Schwapp, sie liegen in der Pfütze.

Fritz ist brav und sanft und spricht:
„Gutes Julchen, weine nicht!"

Julchens Kleid ist zu beklagen.
Knopp, der muß die Kosten tragen.

Vatersorgen

Einszweidrei, im Sauseschritt
Läuft die Zeit; wir laufen mit. —

Julchen ist nun wirklich groß,
Pfiffig, fett und tadellos,

Und der Vater ruft: „Was seh ich?
Die Mamsell ist heiratsfähig!"

Dementsprechend wäre ja
Mancher gute Jüngling da.

Da ist Sutitt; aber der
Praktiziert als Vetrinär.

Da ist Mickefett; doch dieser
Ist Apthekereiproviser.

Da ist Klingebiel; was ist er?
Sonntags Kanter, alltags Küster.

Und dann Fritz, der Forstadjunkt,
Das ist auch kein Anhaltspunkt.
Einfach bloß als Mensch genommen
Wäre dieser höchst willkommen;

Nur muß Knopp sich dann entschließen,
Ganz bedeutend zuzuschießen. — —
Kurz gesagt mit wenig Worten,
Ob auch Knopp nach allen Orten
Seine Vaterblicke richte,

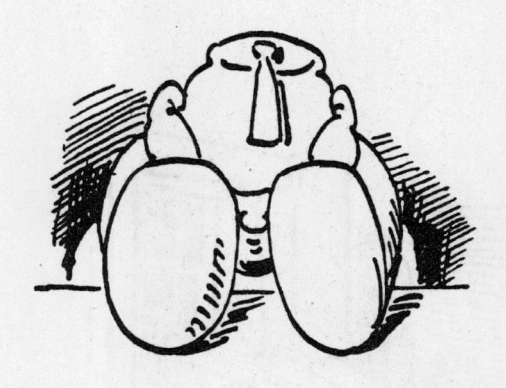

Nirgends paßt ihm die Geschichte. —

Anderseits, wie das so geht,
Mangelt jede Pietät.
Man ist fürchterlich verliebt,
Ohne daß man Achtung gibt
Oder irgendwie bedenkt,
Ob man alte Leute kränkt.
Selten fragt sich so ein Tor:
Was geht in den Eltern vor?? —
Ja, so ist die Jugend heute! —
Schrecklich sind die jungen Leute
Hinter Knoppens Julchen her,
Und recht sehr gefällt es der. —

Was hat Knopp doch für Verdruß,
Wenn er das bemerken muß! —

Hier zum Beispiel abends spät,
Wie er still nach Hause geht,
Sieht er nicht mit Stirnefalten,
Wie drei männliche Gestalten

Emsig spähend da soeben
Starr vor Julchens Fenster kleben?

Zornig mit dem Wanderstab
Stochert er sie da herab.
Er verursacht großen Schreck,
Doch den Ärger hat er weg.

Herzverlockende Künste

Wohl mit Recht bewundert man
Einen Herrn, der reiten kann. —
Herzgewinnend zeigt sich hier
Sutitt auf dem Satteltier. —

Doch die Wespen in der Mauer
Liegen heimlich auf der Lauer;
Sie sind voller Mißvertrauen,
Als sie einen Reiter schauen.

Hopps! Der Rappe springt und schnaubt,
Hebt den Schwanz und senkt das Haupt;

Und am Halse hängt der Reiter. —
Er ist ängstlich, Knopp ist heiter. —

Dahingegen Klingebiel
Hofft vermittelst Saitenspiel
Julchens Seele zu entzücken
Und mit Tönen zu umstricken.

Dazu hat er sich gedichtet,
Aufgesetzt und hergerichtet

Ein gar schönes Schlummerlied,
Horch! er singt es voll Gemüt.

Ständchen

Der Abend ist so mild und schön.
Was hört man da für ein Getön??
   Sei ruhig, Liebchen, das bin ich,
   Dein Dieterich,
   Dein Dietrich singt so inniglich!!
Nun kramst du wohl bei Lampenschein
Herum in deinem Kämmerlein;
Nun legst du ab der Locken Fülle,
Das Oberkleid, die Unterhülle;
Nun kleidest du die Glieder wieder
In reines Weiß und legst dich nieder.
Oh, wenn dein Busen sanft sich hebt,
So denk, daß dich mein Geist umschwebt.
Und kommt vielleicht ein kleiner Floh
   Und krabbelt so —
   Sei ruhig, Liebchen, das bin ich,
   Dein Dieterich.
   Dein Dietrich, der umflattert dich!!

Platsch! — Verstummt ist schnell und bang
Nachtgesang und Lautenklang.

Eilig strömt der Sänger weiter;
Er ist traurig, Knopp ist heiter. —

Die Tante auf Besuch

Unvermutet, wie zumeist,
Kommt die Tante zugereist.
Herzlich hat man sie geküßt,
Weil sie sehr vermöglich ist.

Unser Julchen, als es sah,
Daß die gute Tante da,

Weiß vor Freude nicht zu bleiben
Und hat allerlei zu schreiben. —

Sutitt hielt vor großem Kummer
Grade einen kleinen Schlummer.
Froh wird er emporgeschnellt,
Als er dies Billett erhält:

„Weißt du, wo die Rose blüht???
Komm zu mir, wenn's keiner sieht!!"

Stolz und schleunig diese Zeilen
Mickefetten mitzuteilen,
Eilt er zur Aptheke hin.

Ach, wie wurde dem zu Sinn;
Plump! so fällt ihm wie ein Stein
Neidgefühl ins Herz hinein.
Aber sagen tut er nichts. —
Scheinbar heitern Angesichts

Mischt er mancherlei Essenzen,

Ums dem Freunde zu kredenzen
Unter Glück- und Segenswunsch;

Und dem Freunde schmeckt der Punsch. —
Hoffnungsvoll, beredt und heiter
Schlürft er arglos immer weiter.

Aber plötzlich wird er eigen,
Fängt sehr peinlich an zu schweigen

Und erhebt sich von dem Sitz.
„Ei", ruft Mickefett, „potzblitz!
Bleib doch noch ein wenig hier!"

Schnupp! Er ist schon aus der Tür. —
Mickefett voll List und Tücke
Wartet nicht bis er zurücke,

Sondern schleicht als falscher Freund,
Wo ihm Glück zu winken scheint. —

Seht, da steigt er schon hinein.
Freudig zittert sein Gebein.

Und er küßt die zarte Hand,
Die er da im Dunkeln fand.

Und er hält mit Liebeshast
Eine Nachtgestalt umfaßt. —

Mickefett! Das gibt Malheur,
Denn die Tante liebt nicht mehr! —

Ängstlichschnelle, laut und helle
Schwingt sie in der Hand die Schelle.

Schwer bewaffnet kommt man jetzt.
Mickefett ist höchst entsetzt.

Schamverwirrt und voller Schrecken
Will er sich sogleich verstecken.

Aber autsch! Der Säbel ritzt,
Weil er vorne zugespitzt.

Schmerzgefühl bei großer Enge
Wirkt ermüdend auf die Länge.

Bratsch! Mit Rauschen und Geklirr
Leert sich jedes Waschgeschirr.

Man ist sehr verwirrt und feucht.
Mickefett entschwirrt und fleucht.

Schmerzlich an den Stoff der Hose
Heftet sich die Dornenrose.

Das Gartenhaus

Liebe — sagt man schön und richtig —
Ist ein Ding, was äußerst wichtig.
Nicht nur zieht man in Betracht,
Was man selber damit macht,
Nein, man ist in solchen Sachen
Auch gespannt, was andre machen. —

Allgemein von Mund zu Munde
Geht die ahnungsvolle Kunde,
Sozusagen ein Gemunkel,
Daß im Garten, wenn es dunkel,
Julchen Knopp mit Försters Fritze
Heimlich wandle oder sitze. —

Diese Sage hat vor allen
Drei Personen sehr mißfallen,
Die sich leider ganz entzweit
Durch die Eifersüchtigkeit.

Jeder hat sich vorgenommen:
Ei, da muß ich hinterkommen.

Hier schleicht Sutitt schlau heraus
Zu Herrn Knoppens Gartenhaus,
Wo das Gartenbaugerät
Wohlverwahrt und trocken steht.

Husch! Er schlüpft in das Sallett,
Denn es naht sich Mickefett.

Husch! Der zögert auch nicht viel,
Denn es naht sich Klingebiel.

Husch! Auch der drückt sich hinein,
Denn hier naht im Mondenschein,
Wie wohl zu vermuten war,
Das bewußte Liebespaar.

O wie peinlich muß es sein,
Wenn man so als Feind zu drein
Engbedrückt zusammensitzt
Und vor Zorn im Dunkeln schwitzt! —

Siehste wohl! Da geht es plötzlich
Rumpelpumpel, ganz entsetzlich.

Alles Gartenutensil
Mischt sich in das Kampfgewühl;

Und, rabum! zum Überfluß
Löst sich laut der Flintenschuß.

Husch! Da schlupfen voller Schreck
Fritz und Julchen ins Versteck;
Denn schon zeigt sich in der Ferne
Vater Knopp mit der Laterne.

Knipp, der Hund, kratzt an der Tür.
Knopp der denkt: „Was hat er hier?"

Starr und staunend bleibt er stehn
Mit dem Ruf: „Was muß ich sehn??"
Dann mit Fassung in den Zügen
Spricht er: „Na, Ihr könnt Euch kriegen!!"

Jetzt kommt Mutter, jetzt kommt Tante,
Beide schon im Nachtgewande.

Oh, das war mal eine schöne
Rührende Familienszene!!! —

Ende

Feierlich, wie sich's gebührt,
Ward die Trauung ausgeführt. —

Hierbei leitet Klingebiel
Festgesang und Orgelspiel
Unter leisem Tränenregen,
Traurig, doch von Amtes wegen;

Während still im Kabinett
Sutitt und Herr Mickefett
Hinter einer Flasche Wein
Ihren Freundschaftsbund erneun.

Knopp, der hat hienieden nun
Eigentlich nichts mehr zu tun. —
Er hat seinen Zweck erfüllt. —
Runzlich wird sein Lebensbild. —

Mütze, Pfeife, Rock und Hose
Schrumpfen ein und werden lose,
So daß man bedenklich spricht:
„Hört mal, Knopp gefällt mir nicht!"

In der Wolke sitzt die schwarze
Parze mit der Nasenwarze,
Und sie zwickt und schneidet, schnapp!!
Knopp sein Lebensbändel ab.

Na, jetzt hat er seine Ruh!
Ratsch! Man zieht den Vorhang zu.

Plisch und Plum

Erstes Kapitel

Eine Pfeife in dem Munde,
Unterm Arm zwei junge Hunde
Trug der alte Kaspar Schlich. –
Rauchen kann er fürchterlich.
Doch, obschon die Pfeife glüht,
Oh, wie kalt ist sein Gemüt! –
»Wozu«, lauten seine Worte,
»Wozu nützt mir diese Sorte?
Macht sie mir vielleicht Pläsier?
Einfach nein! erwidr' ich mir.
Wenn mir aber was nicht lieb,
Weg damit! ist mein Prinzip.«

An dem Teiche steht er still,
Weil er sie ertränken will.
Ängstlich strampeln beide kleinen
Quadrupeden mit den Beinen;
Denn die innre Stimme spricht:
Der Geschichte trau' ich nicht! –

Hubs! fliegt einer schon im Bogen.

Plisch! Da glitscht er in die Wogen.

Hubs! Der zweite hinterher.

Plum! Damit verschwindet er.

»Abgemacht!« rief Kaspar Schlich,
Dampfte und entfernte sich.

Aber hier, wie überhaupt,
Kommt es anders, als man glaubt.
Paul und Peter, welche grade
Sich entblößt zu einem Bade,
Gaben still verborgen acht,
Was der böse Schlich gemacht.

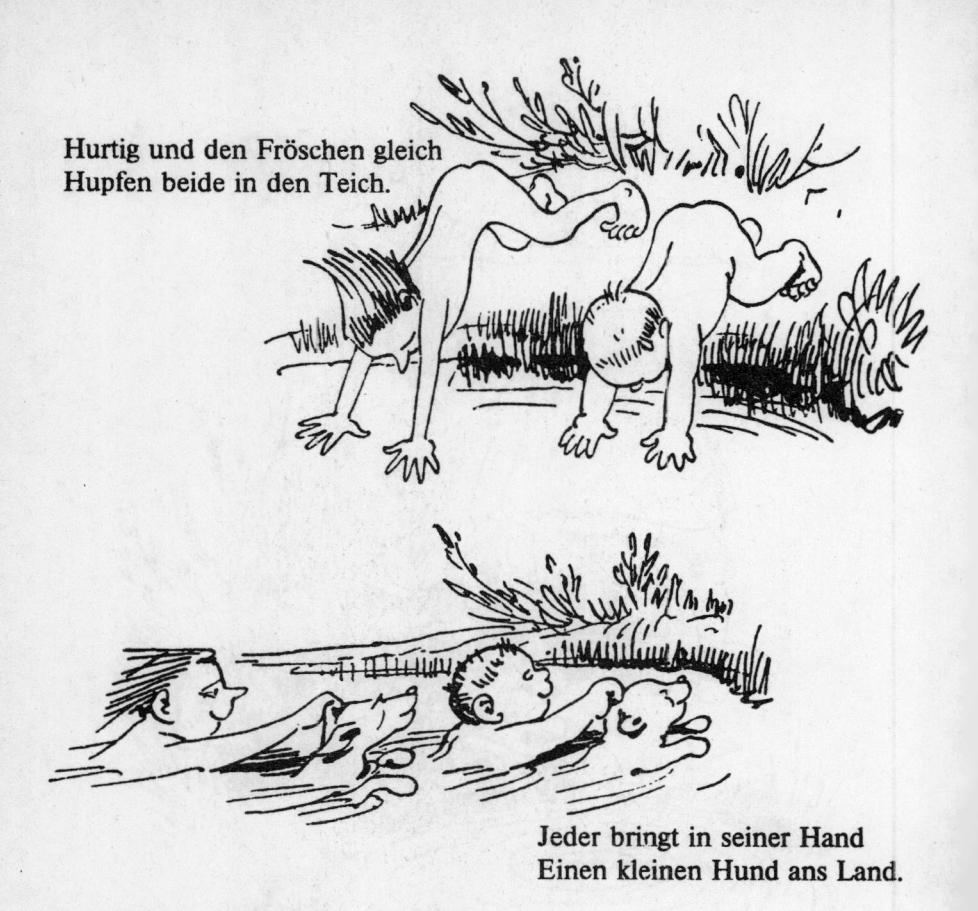

Hurtig und den Fröschen gleich
Hupfen beide in den Teich.

Jeder bringt in seiner Hand
Einen kleinen Hund ans Land.

»Plisch«, rief Paul, »so nenn' ich meinen.«
Plum – so nannte Peter seinen.

Und so tragen Paul und Peter
Ihre beiden kleinen Köter
Eilig, doch mit aller Schonung,
Hin zur elterlichen Wohnung.

Zweites Kapitel

Papa Fittig, treu und friedlich,
Mama Fittig, sehr gemütlich,
Sitzen, Arm in Arm geschmiegt,
Sorgenlos und stillvergnügt
Kurz vor ihrem Abendschmause
Noch ein wenig vor dem Hause,
Denn der Tag war ein gelinder,
Und erwarten ihre Kinder.

Sieh, da kommen alle zwei,
Plisch und Plum sind auch dabei. –
Dies scheint aber nichts für Fittig.
Heftig ruft er: »Na, da bitt' ich!«

Doch Mama mit sanften Mienen,
»Fittig!« bat sie. »Gönn es ihnen!«

Angerichtet stand die frische
Abendmilch schon auf dem Tische.
Freudig eilen sie ins Haus;
Plisch und Plum geschwind voraus.

Ach, da stehn sie ohne Scham
Mitten in dem süßen Rahm
Und bekunden ihr Behagen
Durch ein lautes Zungenschlagen.

Schlich, der durch das Fenster sah,
Ruft verwundert: »Ei, sieh da!

Das ist freilich ärgerlich –
Hehe! –, aber nicht für mich!«

Drittes Kapitel

Paul und Peter, ungerührt,
Grad als wäre nichts passiert,
Ruhn in ihrem Schlafgemach;
Denn was fragen sie danach.
Ein und aus durch ihre Nasen
Säuselt ein gelindes Blasen.

Plisch und Plum hingegen scheinen
Noch nicht recht mit sich im reinen

In betreff der Lagerstätte.
Schließlich gehn sie auch zu Bette.

Unser Plisch, gewohnterweise,
Dreht sich dreimal erst im Kreise.
Unser Plum dagegen zeigt
Sich zur Zärtlichkeit geneigt.
Denen, die der Ruhe pflegen,
Kommen manche ungelegen.

»Marsch!« – Mit diesem barschen Wort
Stößt man sie nach außen fort. –
Kühle weckt die Tätigkeit;
Tätigkeit verkürzt die Zeit.

Sehr willkommen sind dazu
Hier die Hose, da der Schuh;
Welche, eh' der Tag beginnt,

Auch bereits verändert sind.

Für den Vater, welch ein Schrecken,
Als er kam und wollte wecken.
Der Gedanke macht ihn blaß,
Wenn er fragt: Was kostet das?

Schon will er die Knaben strafen,
Welche tun, als ob sie schlafen.
Doch die Mutter fleht: »Ich bitt' dich,
Sei nicht grausam, bester Fittig!«
Diese Worte liebevoll
Schmelzen seinen Vatergroll.

Paul und Peter ist's egal.
Peter geht vorerst einmal
In zwei Schlapp-Pantoffeln los,
Paul in seiner Zackenhos.

Plisch und Plum, weil ohne Sitte,
Kommen in die Hundehütte.

»Ist fatal!« bemerkte Schlich.
»Hehe! Aber nicht für mich!«

Viertes Kapitel

Endlich fing im Drahtgehäuse
Sich die frechste aller Mäuse,
Welche Mama Fittig immer,

Bald im Keller, bald im Zimmer
Und besonders bei der Nacht
Fürchterlich nervös gemacht.

Dieses gibt für Plisch und Plum
Ein erwünschtes Gaudium;
Denn jetzt heißt es: »Mal heraus,
Alte, böse Knuspermaus!«

Husch! Des Peters Hosenbein,
Denkt sie, soll ihr Schutz verleihn.

Plisch verfolgt sie in das Rohr;
Plum steht anderseits davor.

Knipp! In sein Geruchsorgan
Bohrt die Maus den Nagezahn.

Plisch will sie am Schwanze ziehn,

Knipp! Am Ohre hat sie ihn.

Siehst du wohl, da läuft sie hin
In das Beet der Nachbarin.

Kritzekratze, wehe dir,
Du geliebte Blumenzier!

Madam Kümmel will soeben
Öl auf ihre Lampe geben.
Fast wär' ihr das Herz geknickt,
Als sie in den Garten blickt.

Sie beflügelt ihren Schritt,
Und die Kanne bringt sie mit.

Zornig, aber mit Genuß,
Gibt sie jedem einen Guß;
Erst dem Plisch und dann dem Plum.
Scharf ist das Petroleum;

Und die Wirkung, die es macht,
Hat Frau Kümmel nicht bedacht.

Aber was sich nun begibt,
Macht Frau Kümmel so betrübt,
Daß sie, wie von Wahn umfächelt,
Ihre Augen schließt und lächelt.

Mit dem Seufzerhauche: »Uh!«
Stößt ihr eine Ohnmacht zu.

Paul und Peter, frech und kühl,
Zeigen wenig Mitgefühl;
Fremder Leute Seelenschmerzen
Nehmen sie sich nicht zu Herzen.

»Ist fatal!« bemerkte Schlich.
»Hehe! Aber nicht für mich.«

Fünftes Kapitel

Kurz die Hose, lang der Rock,
Krumm die Nase und der Stock,
Augen schwarz und Seele grau,
Hut nach hinten, Miene schlau –
So ist Schmulchen Schievelbeiner.
(Schöner ist doch unsereiner!)

Er ist grad vor Fittigs Tür;
»Rauwauwau!« erschallt es hier. –

Kaum verhallt der rauhe Ton,
So erfolgt das Weitre schon.

Und, wie schnell er sich auch dreht,
Ach, er fühlt, es ist zu spät;

Unterhalb des Rockelores
Geht sein ganze Sach kapores.

Soll ihm das noch mal passieren?
Nein, Vernunft soll triumphieren.

Schnupp! Er hat den Hut im Munde.
Staunend sehen es die Hunde,
Wie er so als Quadruped
Rückswärts nach der Türe geht.

Wo Frau Fittig nur mal eben
Sehen will, was sich begeben. -
Sanft, wie auf die Bank von Moos,

Setzt er sich in ihren Schoß.

Fittig eilte auch herbei. –
»Wai!« rief Schmul. »Ich bin entzwei!
Zahlt der Herr von Fittig nicht,
Werd' ich klagen bei's Gericht!«

Er muß zahlen. – Und von je
Tat ihm das doch gar so weh.

Auf das Knabenpaar zurück
Wirft er einen scharfen Blick,
So als ob er sagen will:

»Schämt euch nur, ich schweige still!«
Doch die kümmern sich nicht viel
Um des Vaters Mienenspiel. –

»Ist fatal«, bemerkte Schlich.
»Hehe! Aber nicht für mich!«

Sechstes Kapitel

Plisch und Plum, wie leider klar,
Sind ein niederträchtig Paar;
Niederträchtig, aber einig,
Und in letzter Hinsicht, mein' ich,

Immerhin noch zu verehren;
Doch wie lange wird es währen?
Bösewicht mit Bösewicht –
Auf die Dauer geht es nicht.

Vis-à-vis im Sonnenschein
Saß ein Hündchen hübsch und klein,
Dieser Anblick ist für beide
Eine unverhoffte Freude.

Jeder möchte vorne stehen,
Um entzückt hinaufzuspähen.

Hat sich Plisch hervorgedrängt,
Fühlt der Plum sich tief gekränkt.

Drängt nach vorne sich der Plum,
Nimmt der Plisch die Sache krumm.

Schon erhebt sich dumpfes Grollen,
Füße scharren, Augen rollen,
Und der heiße Kampf beginnt;

Plum muß laufen, Plisch gewinnt.

Mama Fittig machte grad
Pfannenkuchen und Salat,
Das bekannte Leibgericht,
Was so sehr zum Herzen spricht.

Hurr! Da kommt mit Ungestüm
Plum, und Plisch ist hinter ihm.

Schemel, Topf und Kuchenbrei
Mischt sich in die Beißerei. –
»Warte, Plisch! Du Schwerenöter!«
Damit reichte ihm der Peter

Einen wohlgezielten Hieb. –
Das ist aber Paul nicht lieb.
»Warum schlägst du meinen Köter?«
Ruft der Paul und hat den Peter.

Dieser, auch nicht angefroren,
Klatscht dem Paul um seine Ohren.

Jetzt wird's aber desperat. –
Ach, der köstliche Salat

Dient den aufgeregten Geistern,
Sich damit zu überkleistern.

Papa Fittig kommt gesprungen
Mit dem Stocke hochgeschwungen.
Mama Fittig, voller Güte,
Daß sie dies Malheur verhüte,
»Bester Fittig«, ruft sie, »faß dich!«
Dabei ist sie etwas hastig.

Ihre Haube, zart umflort,
Wird von Fittigs Stock durchbohrt.

»Hehe!« lacht der böse Schlich.
»Wie ich sehe, hat man sich!«

Wer sich freut, wenn wer betrübt,
Macht sich meistens unbeliebt.

Lästig durch die große Hitze
Ist die Pfannenkuchenmütze.

»Höchst fatal!« bemerkte Schlich.
»Aber diesmal auch für mich!«

Siebentes Kapitel

Seht, da sitzen Plisch und Plum
Voll Verdruß und machen brumm!
Denn zwei Ketten, gar nicht lang,
Hemmen ihren Tatendrang.

Und auch Fittig hat Beschwerden.
Dies – denkt er – muß anders werden!
Tugend will ermuntert sein,
Bosheit kann man schon allein!

Daher sitzen Paul und Peter
Jetzt vor Bokelmanns Katheder;
Und Magister Bokelmann
Hub, wie folgt, zu reden an:

»Geliebte Knaben, ich bin erfreut,
Daß ihr nunmehro gekommen seid,
Um, wie ich hoffe, mit allen Kräften
Augen und Ohren auf mich zu heften. –
Zum ersten: Lasset uns fleißig betreiben
Lesen, Kopf-, Tafelrechnen und Schreiben,
Alldieweil der Mensch durch sotane Künste
Zu Ehren gelanget und Brotgewinste.

Zum zweiten: Was würde das aber besagen
Ohne ein höfliches Wohlbetragen;
Denn wer nicht höflich nach allen Seiten,
Hat doch nur lauter Verdrießlichkeiten,
Darum zum Schlusse – denn sehet, so bin ich –
Bitt' ich euch dringend, inständigst und innig,
Habt ihr beschlossen in eurem Gemüte,
Meiner Lehre zu folgen in aller Güte,
So reichet die Hände und blicket mich an
Und sprechet: Jawohl, Herr Bokelmann!«

Paul und Peter denken froh:
Alter Junge, bist du so?
Keine Antwort geben sie,
Sondern machen bloß hihi!
Worauf er, der leise pfiff,
Wiederum das Wort ergriff.

»Dieweil ihr denn gesonnen«, so spricht er,
»Euch zu verhärten als Bösewichter,
So bin ich gesonnen, euch dahingegen
Allhier mal über das Pult zu legen,
Um solchermaßen mit einigen Streichen
Die harten Gemüter euch zu erweichen.«

Flugs hervor aus seinem Kleide,
Wie den Säbel aus der Scheide,

Zieht er seine harte, gute,
Schlanke, schwanke Haselrute,
Faßt mit kund'ger Hand im Nacken
Paul und Peter bei den Jacken
Und verklopft sie so vereint,
Bis es ihm genügend scheint.

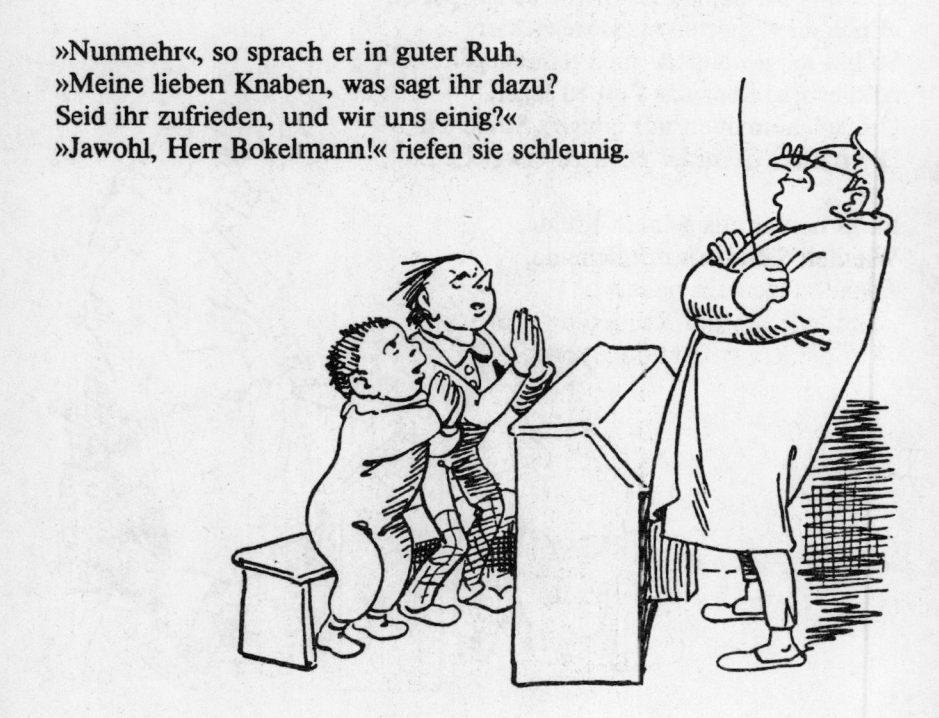

»Nunmehr«, so sprach er in guter Ruh,
»Meine lieben Knaben, was sagt ihr dazu?
Seid ihr zufrieden, und wir uns einig?«
»Jawohl, Herr Bokelmann!« riefen sie schleunig.

Dies ist Bokelmanns Manier.
Daß sie gut, das sehen wir.
Jeder sagte, jeder fand:
»Paul und Peter sind charmant!«

Aber auch für Plisch und Plum
Nahte sich das Studium
Und die nötige Dressur,
Ganz wie Bockelmann verfuhr.

Bald sind beide kunstgeübt,
Daher allgemein beliebt,
Und, wie das mit Recht geschieht,
Auf die Kunst folgt der Profit.

Schluß

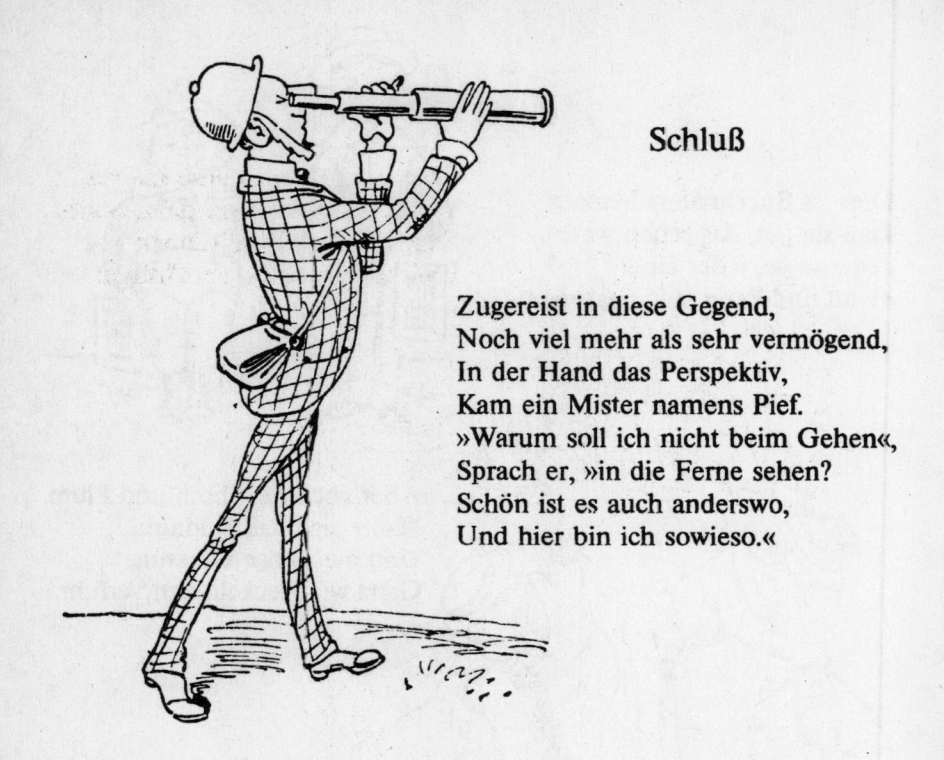

Zugereist in diese Gegend,
Noch viel mehr als sehr vermögend,
In der Hand das Perspektiv,
Kam ein Mister namens Pief.
»Warum soll ich nicht beim Gehen«,
Sprach er, »in die Ferne sehen?
Schön ist es auch anderswo,
Und hier bin ich sowieso.«

Hierbei aber stolpert er
In den Teich und sieht nichts mehr.

»Paul und Peter, meine Lieben,
Wo ist denn der Herr geblieben?«
Fragte Fittig, der mit ihnen
Hier spazierengeht im Grünen.

Doch wo der geblieben war,
Wird ihm ohne dieses klar.
Ohne Perspektiv und Hut
Steigt er ruhig aus der Flut.

»Allez, Plisch und Plum, apport!«
Tönte das Kommandowort.
Streng gewöhnt an das Parieren,
Tauchen sie und apportieren
Das Vermißte prompt und schnell.

Mister Pief sprach: »Weriwell!
Diese zwei gefallen mir!

Wollt ihr hundert Mark dafür?«
Drauf erwidert Papa Fittig
Ohne weiters: »Ei, da bitt' ich.«
Er fühlt sich wie neu gestärkt,
Als er soviel Geld bemerkt.

»Also, Plisch und Plum, ihr beiden,
Lebet wohl, wir müssen scheiden,
Ach, von dieser Stelle hier,
Wo vor einem Jahr wir vier
In so schmerzlich süßer Stunde
Uns vereint zum schönen Bunde;
Lebt vergnügt und ohne Not,
Beefsteak sei euer täglich Brot!«

Schlich, der auch herbeigekommen,
Hat dies alles wahrgenommen.
Fremdes Glück ist ihm zu schwer.
»Recht erfreulich!« murmelt er.
»Aber leider nicht für mich!«

Plötzlich fühlt er einen Stich,
Kriegt vor Neid den Seelenkrampf,
Macht geschwind noch etwas Dampf,

Fällt ins Wasser, daß es zischt,
Und der Lebensdocht erlischt. –

Einst belebt von seinem Hauche,
Jetzt mit spärlich mattem Rauche
Glimmt die Pfeife noch so weiter

Und verzehrt die letzten Kräuter.
Noch ein Wölkchen blau und kraus. –
Phüt! ist die Geschichte

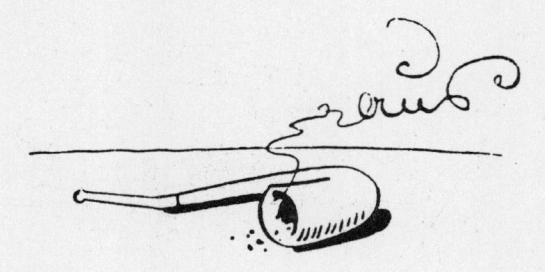

Fliegende Blätter

Ein Abenteuer in der Neujahrsnacht

oder

Warum Herr Brandmaier das Punschtrinken für immer verschworen hat

Ein Lebensstück in Bildern.

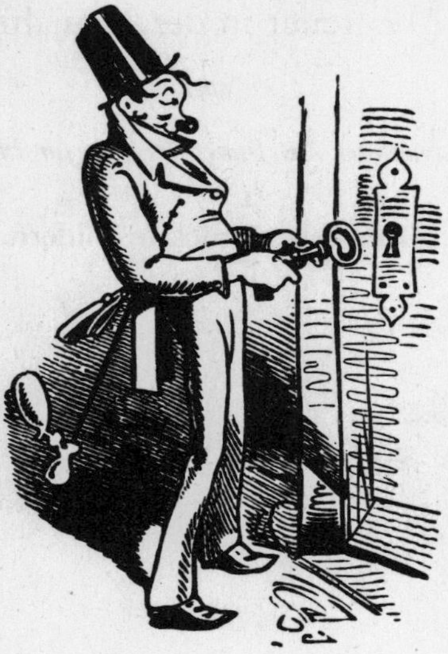

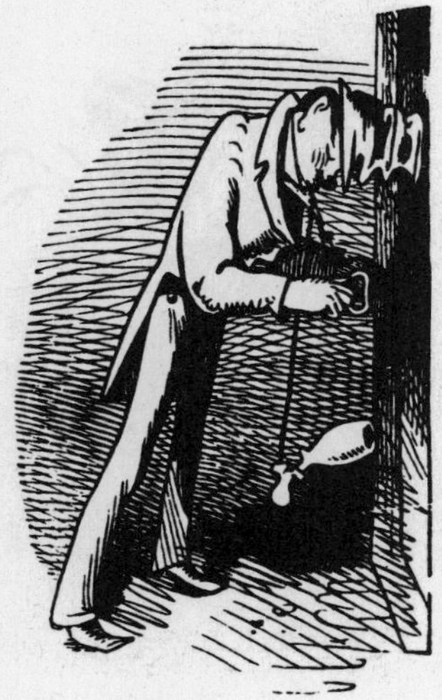

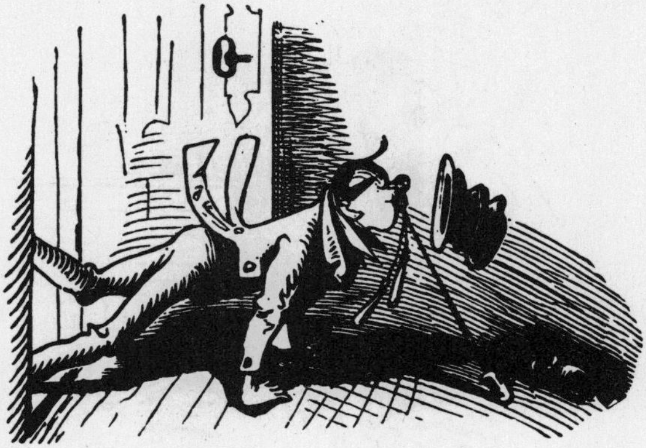

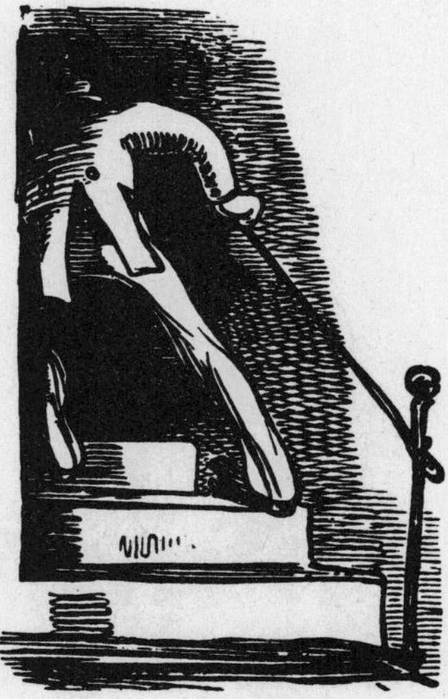

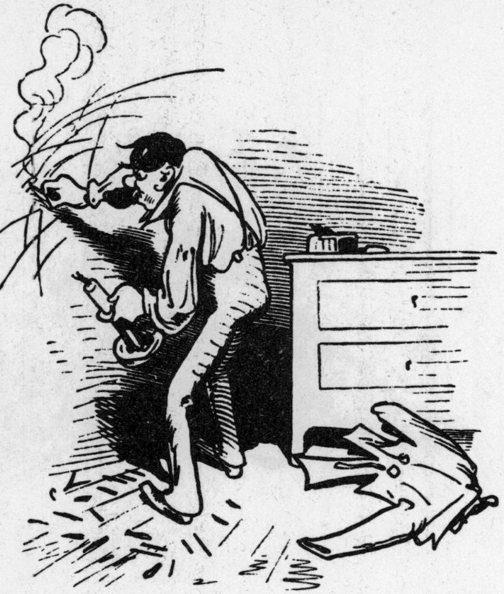

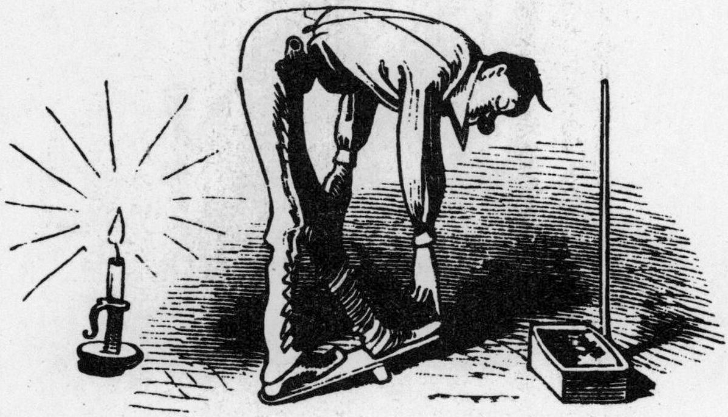

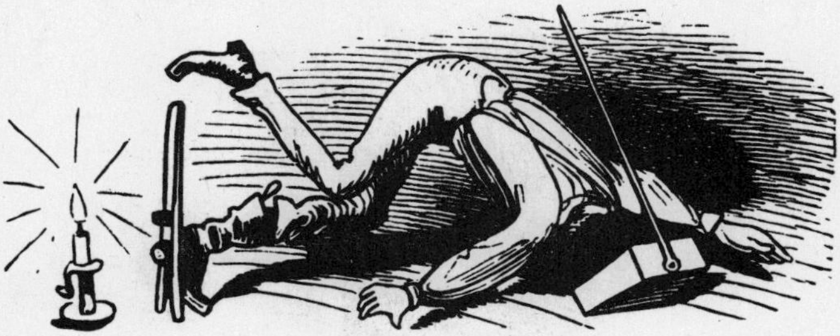

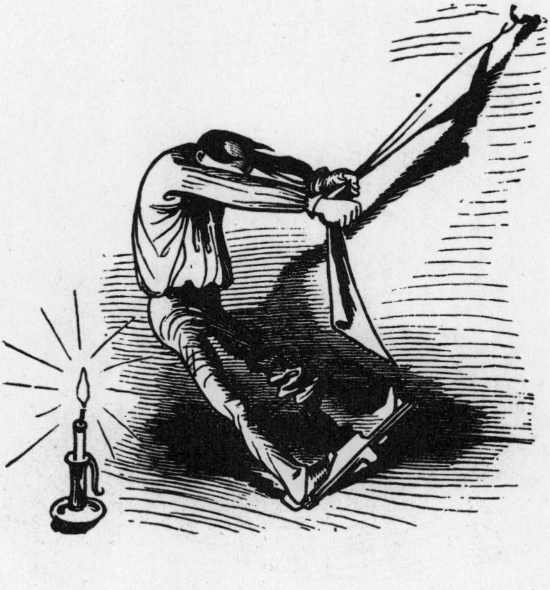

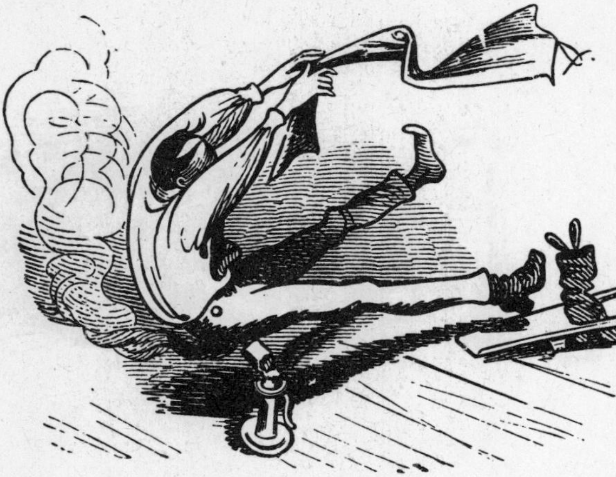

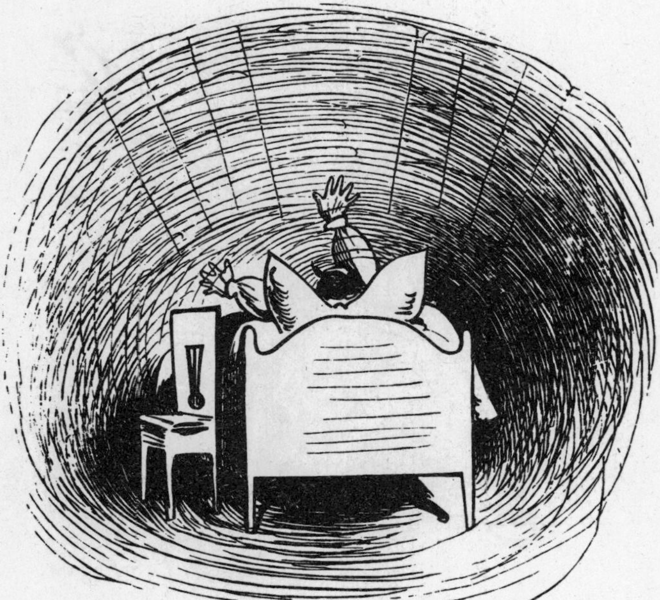

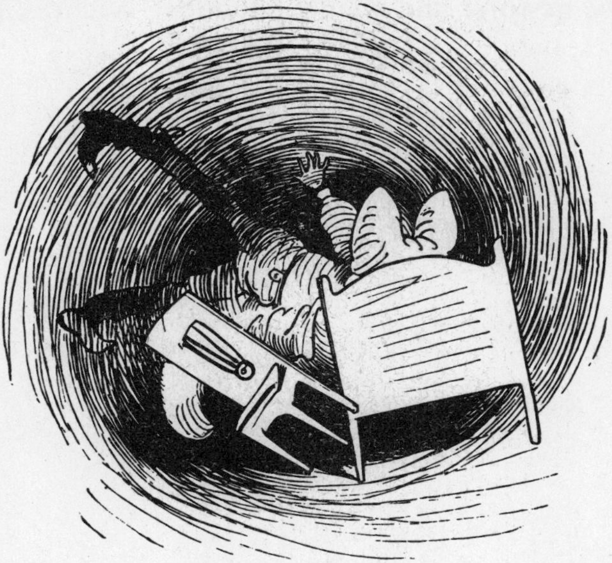

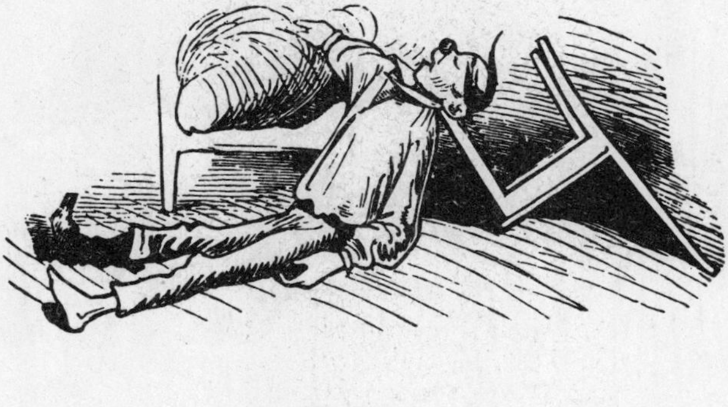

Die gestörte und wiedergefundene Nachtruhe
oder der Floh

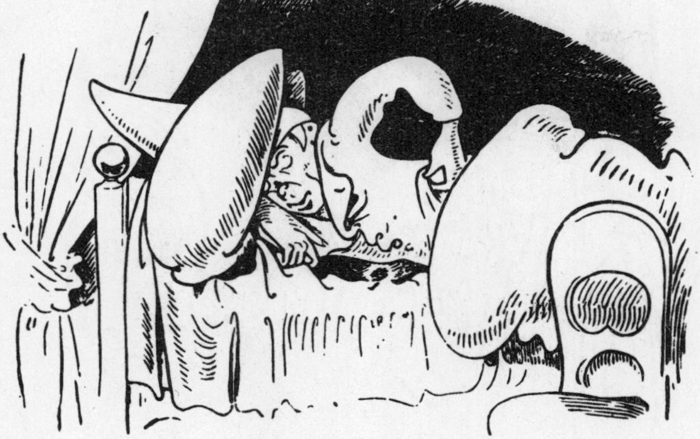

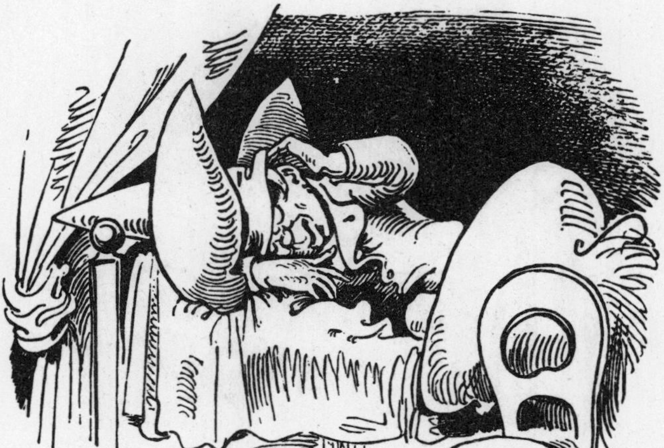

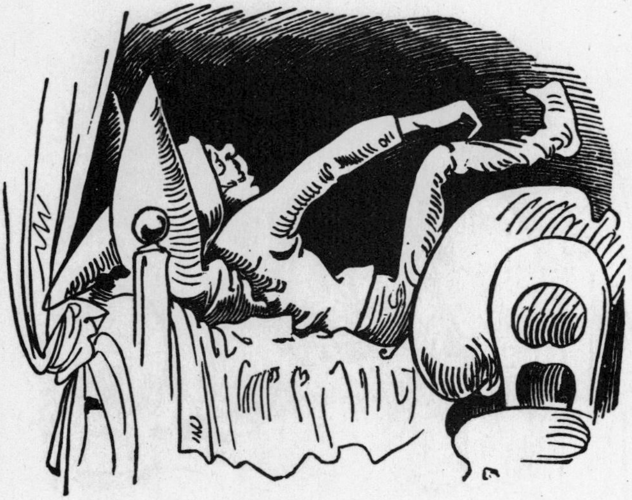

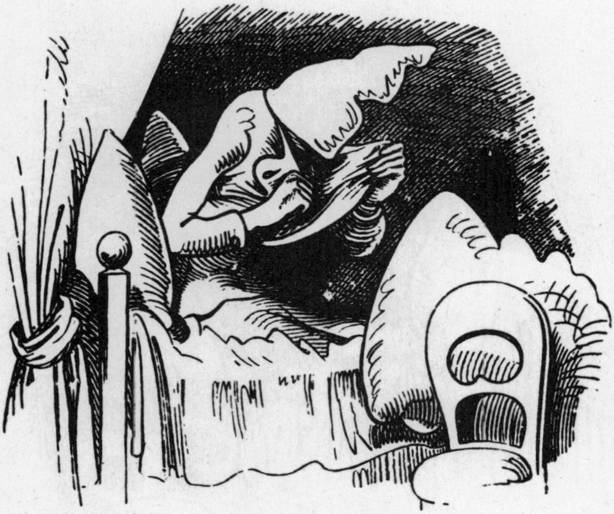

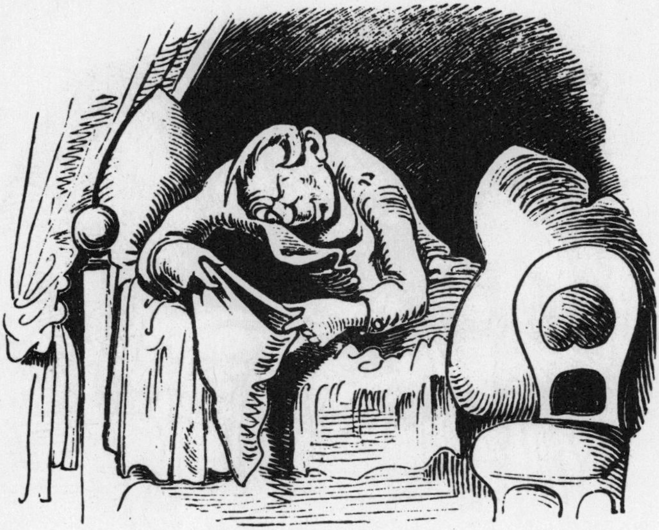

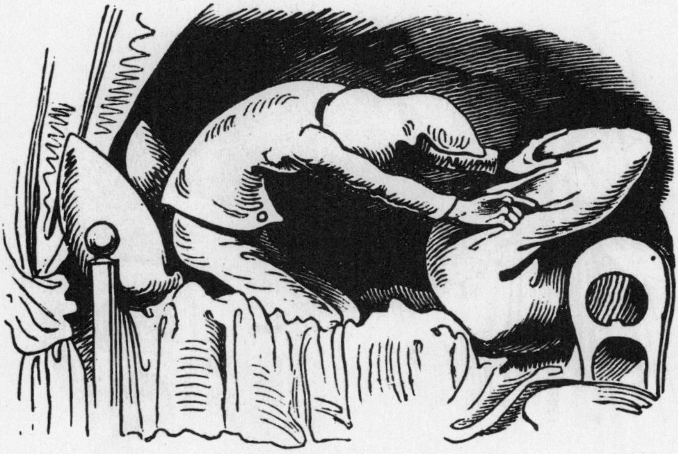

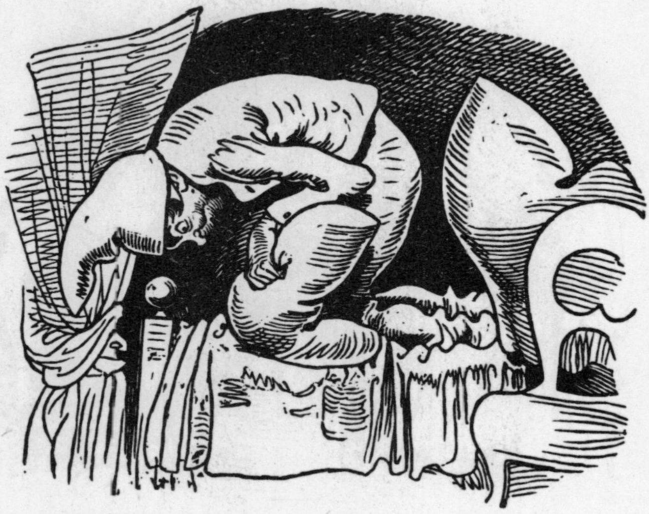

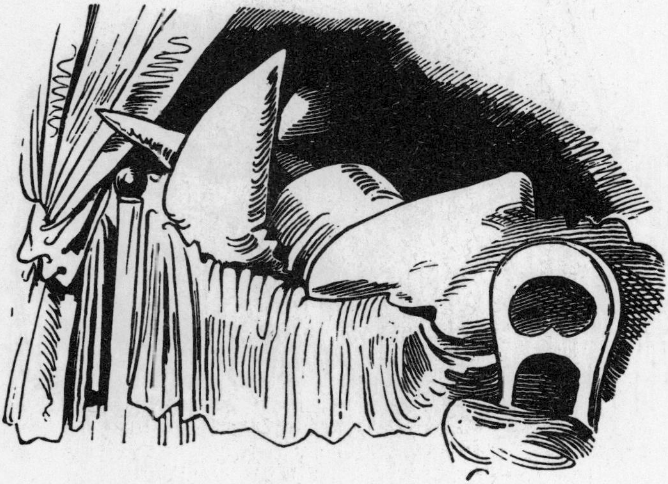

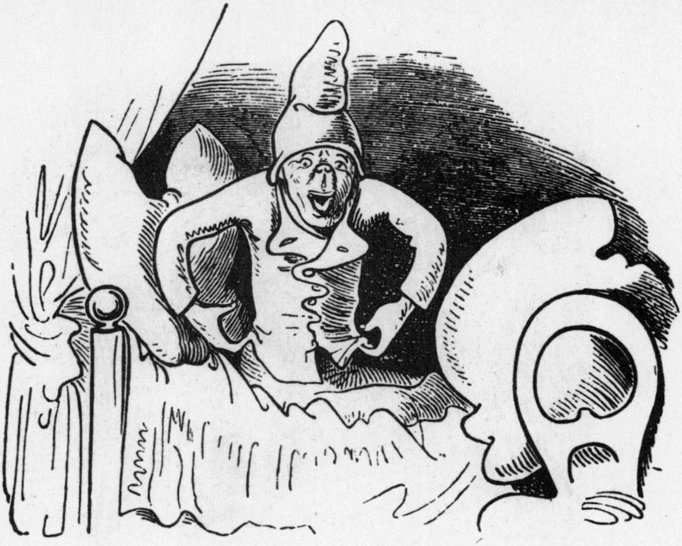

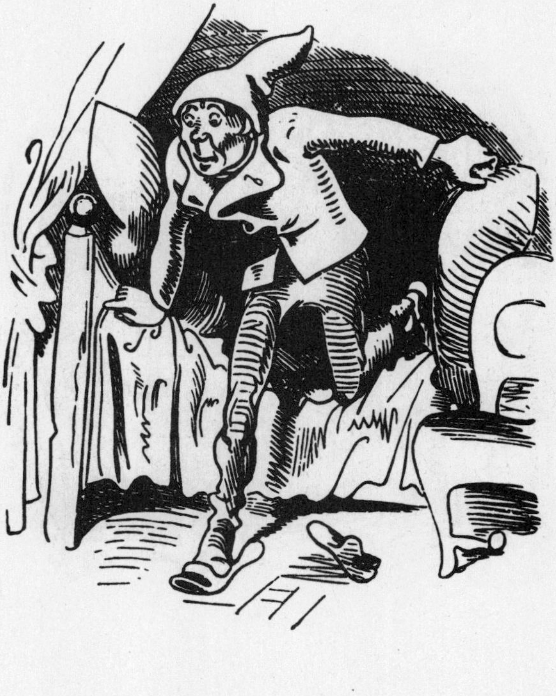

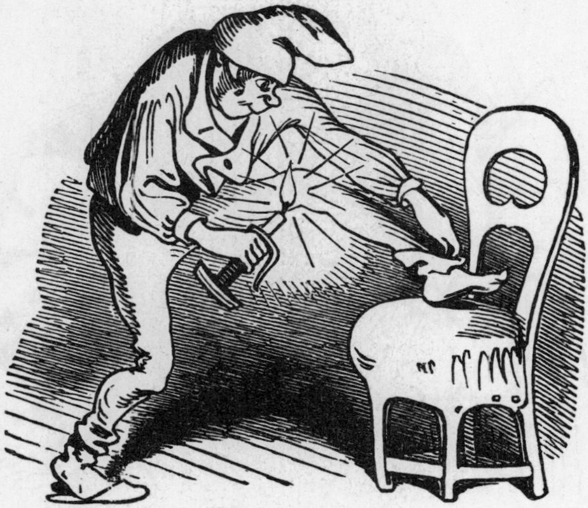

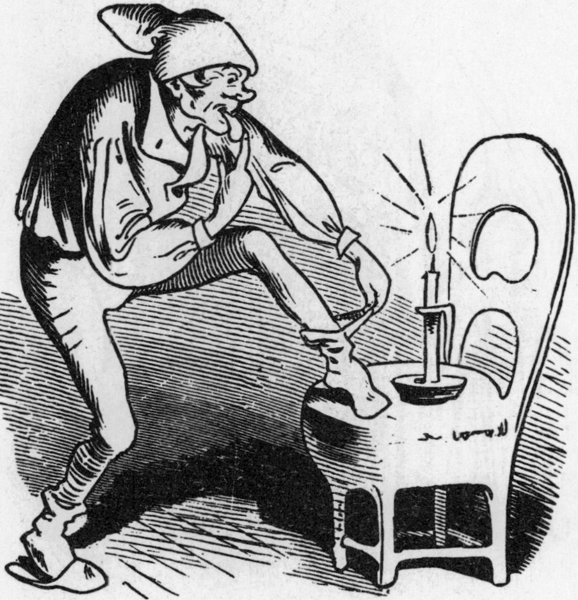

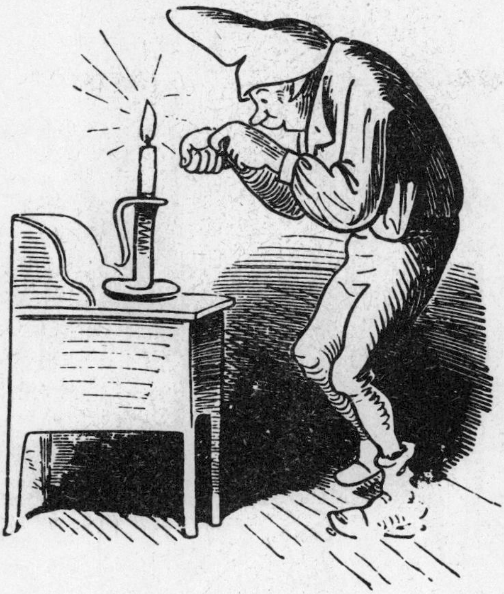

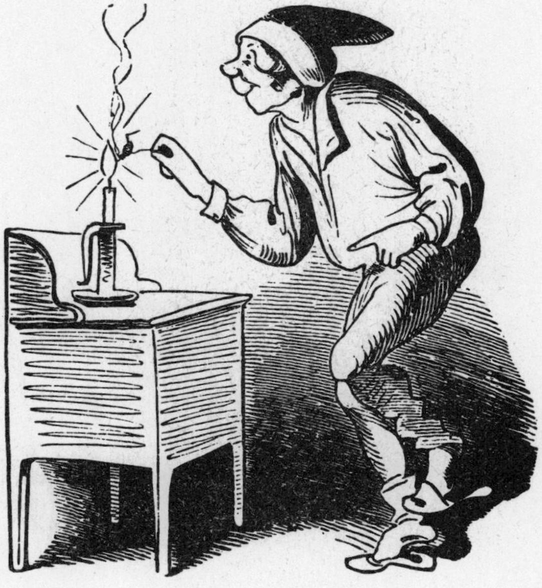

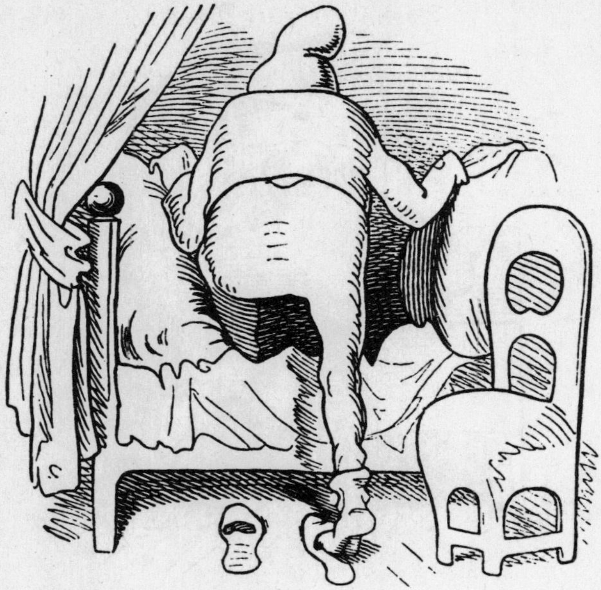

Eginhard und Emma

Ein Fastnachtsschwank in Bildern

Carolus Magnus kroch ins Bett,
Weil er sehr gern geschlafen hätt.

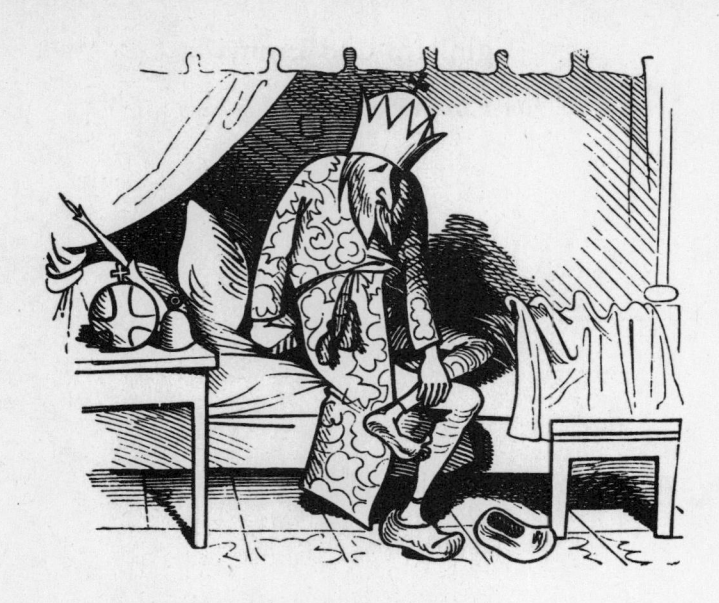

Jedoch vom Sachsenkriege her
Plagt ihn ein Rheumatismus sehr.

Die Nacht ist lang, das Bein tut weh;
Carolus übt das ABC.

„Autsch, autsch!" Da reißt's ihn aber wieder;
Carolus wirft die Tafel nieder.

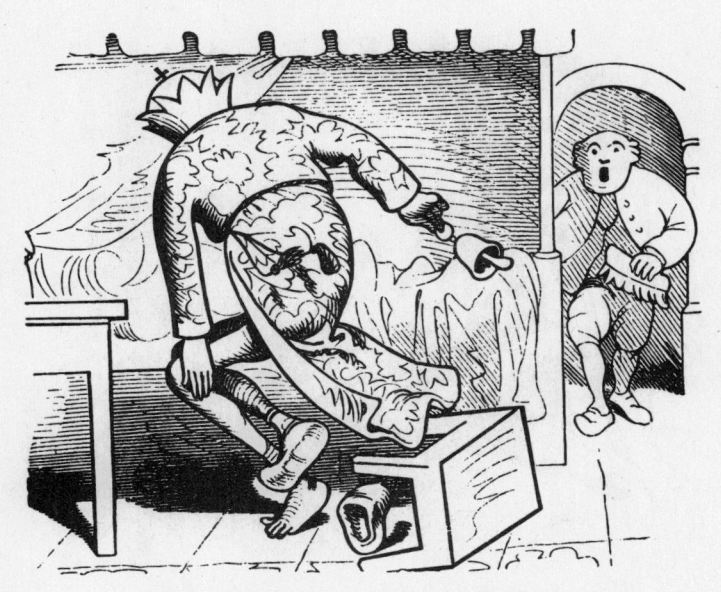

Er schellt. — Der alte Friedrich rennt. —
„Frottier' Er mich! Potz sapperment!"

Der Friedrich spricht: „Hab's gleich gedacht!
Es schneit ja schon die halbe Nacht!"

„Was?!" schreit der Kaiser, „Teufel auch!"
Und tritt dem Friedrich vor den Bauch.

Der alte Friedrich schleicht beiseit;
Der Kaiser schaut, wie's draußen schneit.

Was sieht er da, vor Schreck erstarrt?
Die Emma trägt den Eginhard.

Er ruft die Wache gleich herbei
Und spricht: „Jetzt fangt mir diese zwei!"

Die Wache nimmt den Eginhard
Beim Kragen mit der Hellebard,

Und als man sie zum Kaiser bringt,
Da steht er würdevoll und winkt.

Sie knien und sind vor Tränen stumm;
Der Kaiser dreht sich gar nicht um.

Jetzt aber wird er mild und weich
Und spricht gerührt: „Da habt Ihr Euch!"

Der unfreiwillige Spazierritt

Herr Pumps labt sich im kühlen Bad,
Als hoch zu Roß ein Leutnant naht.

Des Leutnants Roß wird plötzlich scheu,
Herr Pumps eilt gleich zur Hilf' herbei;

Ergreift den Zaum mit starker Hand
Und schwingt sich dann aufs Roß gewandt.

Kaum sitzt er — zu des Leutnants Schreck —
Da rennt das Roß mit ihm vom Fleck;

Und rennt und stürmt vorbei mit Wut
An einem Fräulein-Institut.

Und rennt hinein zur Stadt — o Graus —
Wo eben ward die Schule aus;

Und rennt, bis es gerannt genug,
Und wirft Herrn Pumps noch ab im Flug.

Die Jugend sieht's und lacht ihn aus;
Schnell eilt Herr Pumps ins nächste Haus.

Und faßt die nächste Tür' — o weh —
Zwei Fräulein sitzen beim Kaffee;

Doch wie er schnell den Rückzug sucht,
Hemmt's Stubenmädel seine Flucht.

Endlich erreicht er ein Gemach,
Ein Diener bringt ihm Kleider nach,

Schafft eine Droschke dann zur Stell',
Drin fährt Herr Pumps nach Hause schnell.

Der vergebliche Versuch

Herr Lehmann hat seinen Freunden in der Silvesternacht eine Punschpartie gegeben und beabsichtigt nach Entfernung seiner Gäste sich noch eine Zigarre anzuzünden.

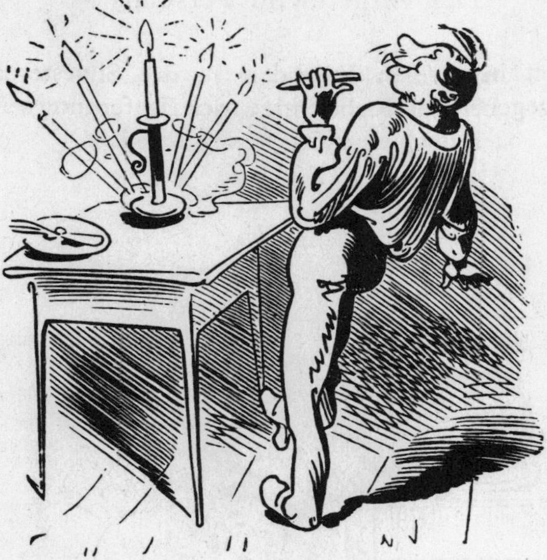

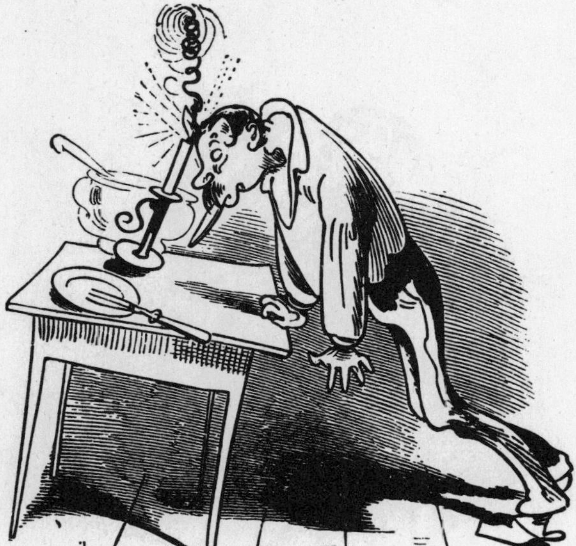

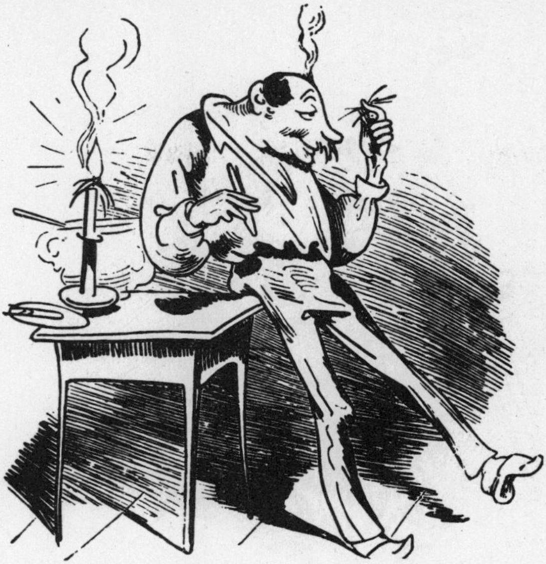

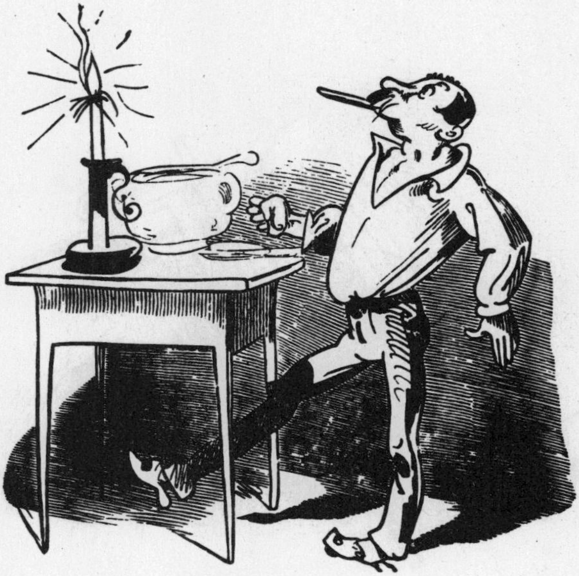

654

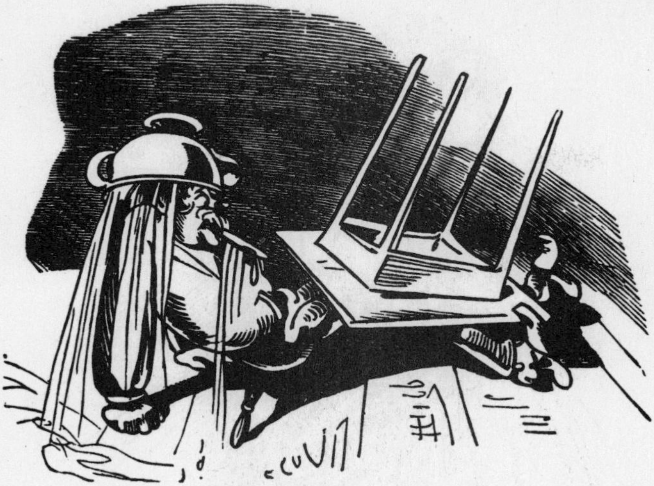

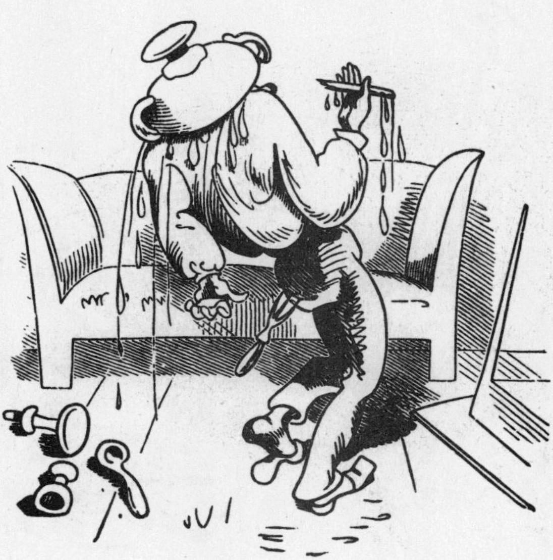

656

Ein galantes Abenteuer

Der Morgen graut. Ich kam per Bahn
Stolz in der Stadt der Welfen an.

Und wie ich wandle, seh' ich walten
Im Morgenscheine fünf Gestalten.

„Seid mir gegrüßt, ihr edlen Frauen,
So wunderlieblich anzuschauen!"

„Wat het he seggt?!" so tönt's im Chor,
Fünf Besen heben sich empor.

Ich stolp're in ein Kehrichtfaß;
Die Besen sind sehr dürr und naß.

Kaum rett' ich mich, schon halb verdroschen,
Mit 25 Silbergroschen.

Das hemmt der Besengarde Lauf. —
Ein Bad nimmt meine Glieder auf.

So geht's! — Bei Damen sollst du fein,
Gar niemals nicht ironisch sein.

Das gestörte Rendezvous

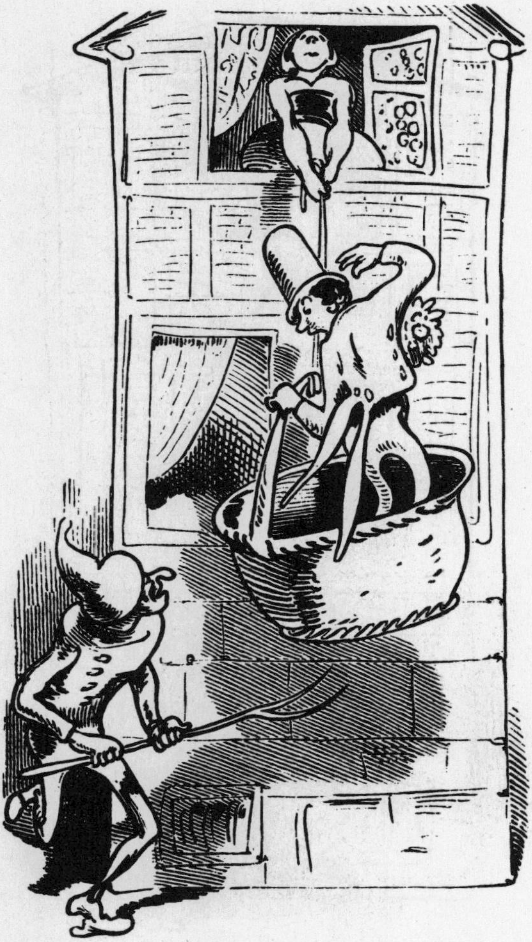

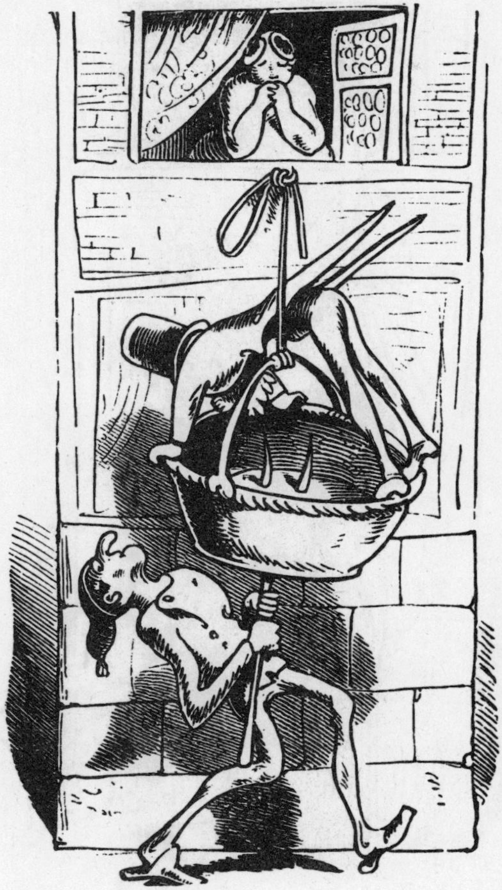

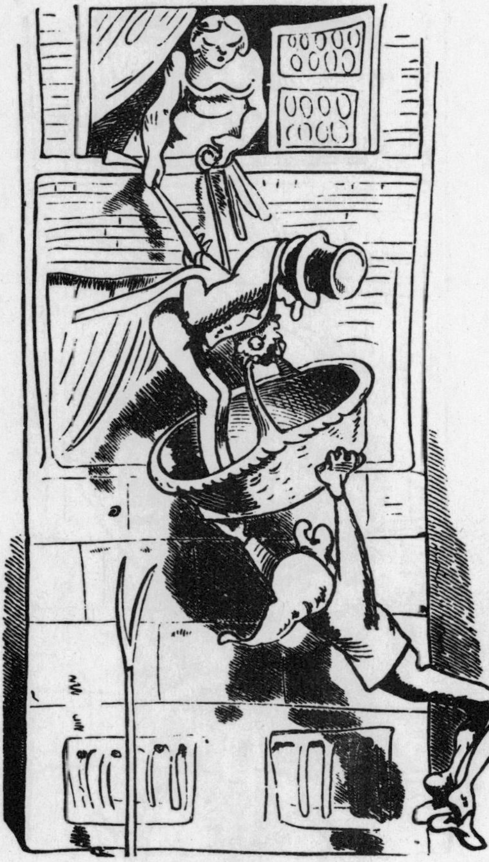

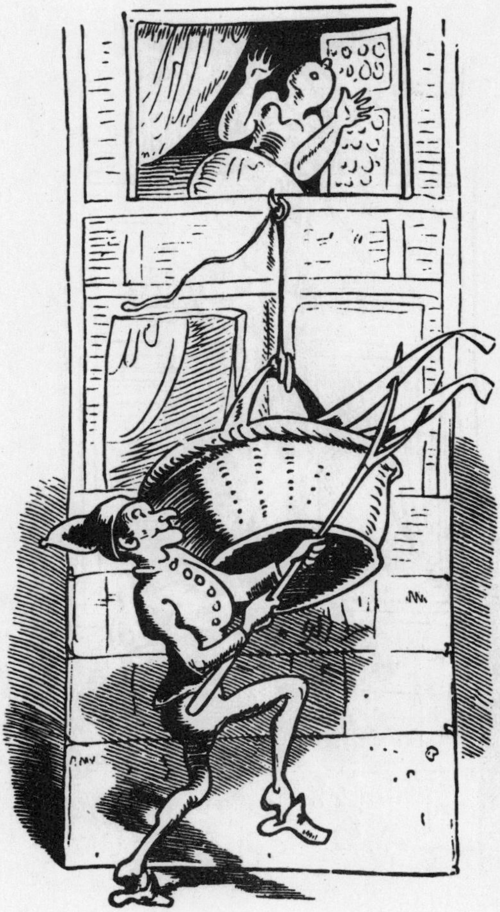

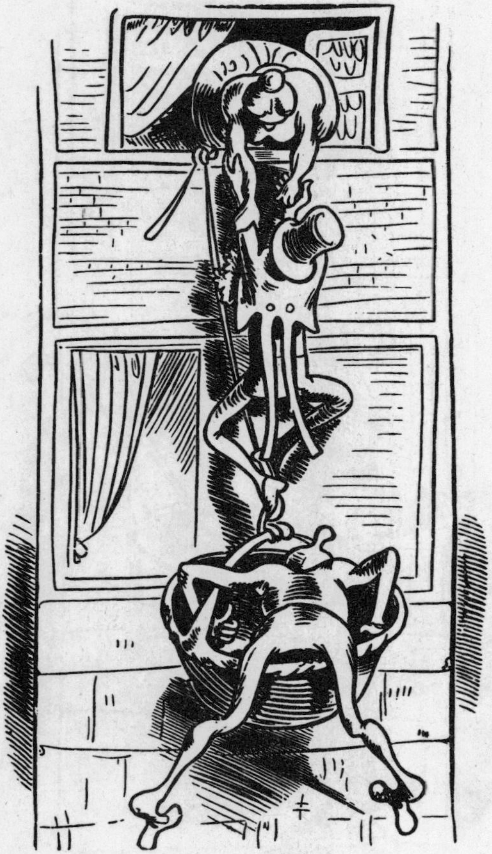

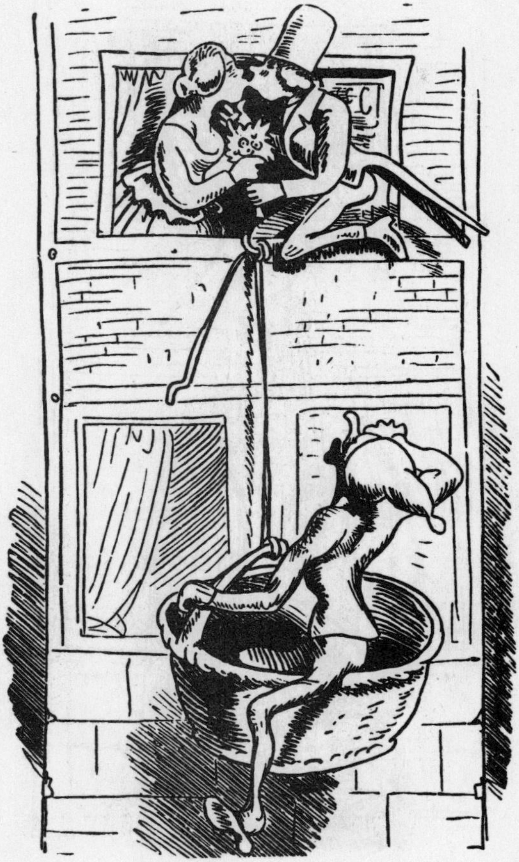

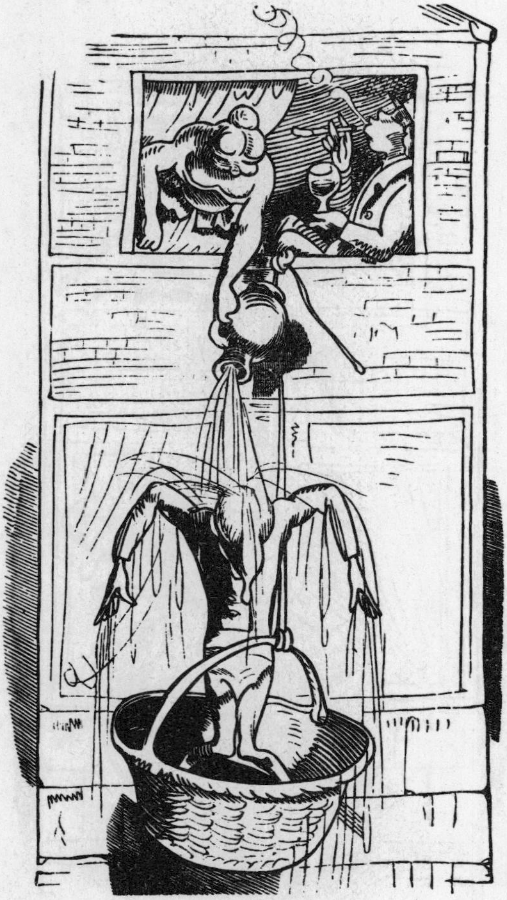

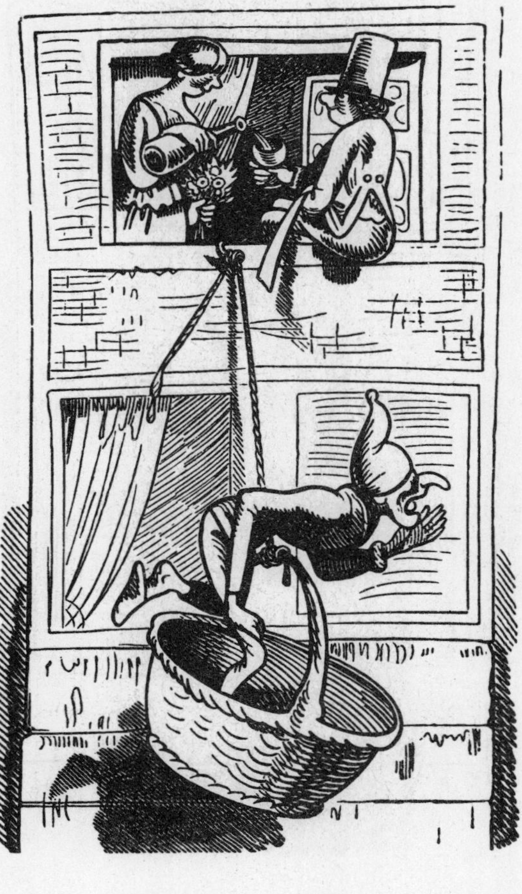

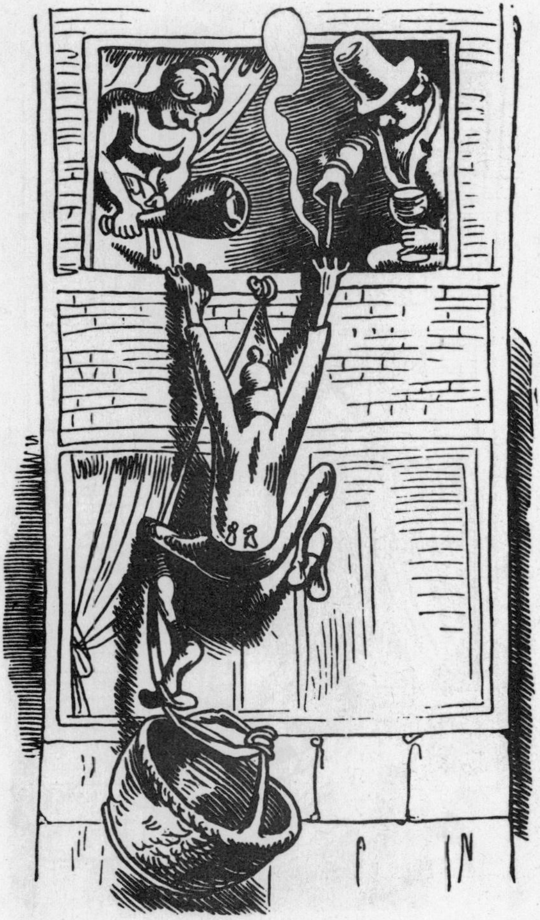

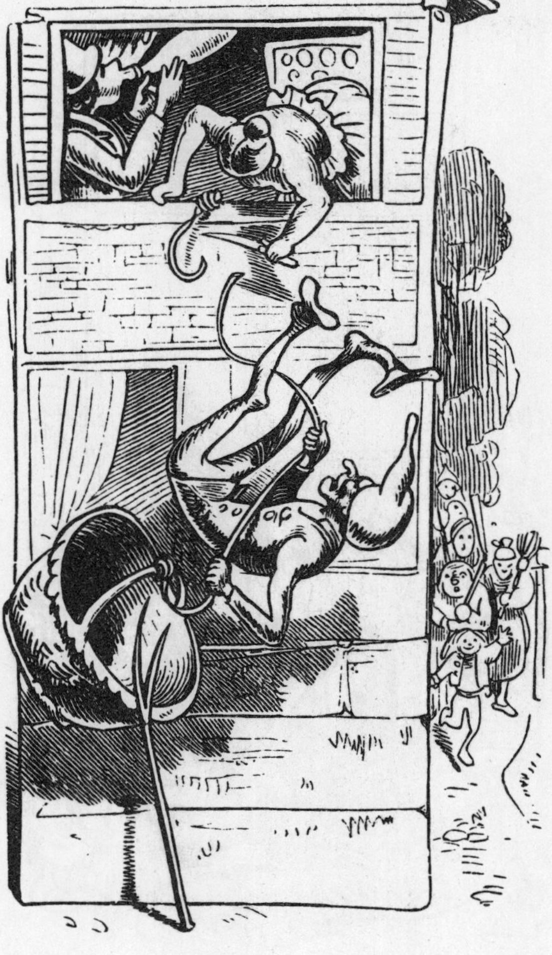

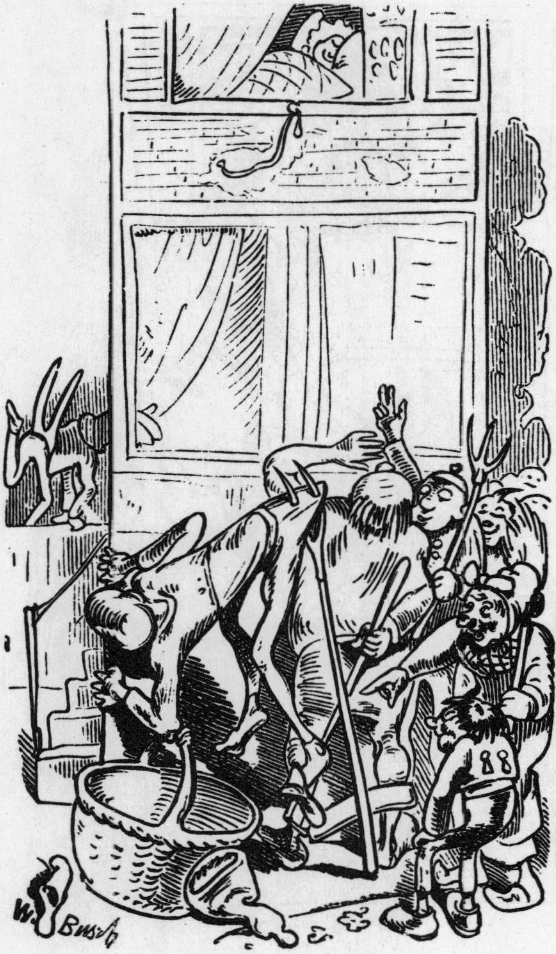
W. Busch

Der Katzenjammer am Neujahrsmorgen

Am Morgen nach Silvester.

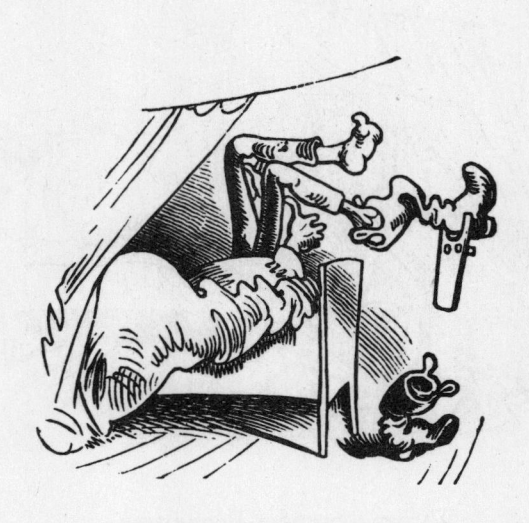

Schmerz in den Kniegelenken.

Gesteigerte Sensibilität der Haarspitzen,
vulgo Haarweh.

Wiederkehrendes Bewußtsein.

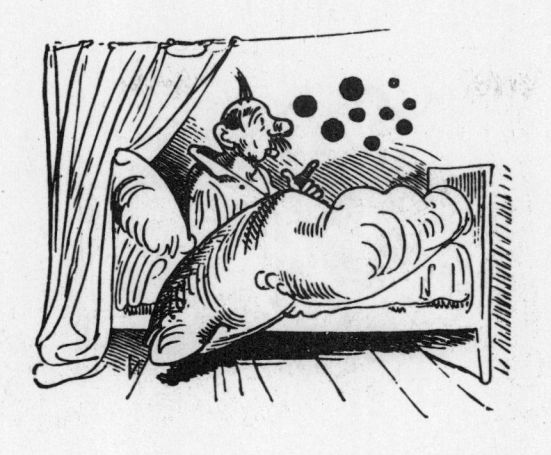

Subjektive Farbenerscheinung in Gestalt
bewegiicher Flecken.

Gemeines Schädelweh.

Wo hab' ich denn das heut' nacht erwischt?!

Oha? — Noch immer ein bißchen wackelig?!

Versuch einer Morgenpfeife.

Auch zuwider!!

Wo im Dunkeln die Uhr hingelegt wurde.

Der Hausgang neu angestrichen.

O weh! Der neue Zylinder im Waschbecken.

Das Geld ist auch fort.

Abkühlung und Erfrischung.

Ein Magenbitter.

Brrr!

Nach dieser heilsamen Erschütterung geht's ja so weit
wieder ganz gut.

Der schöne Ritter

„Heut' werden s' schauen. Alles echt und sitzt famos."

„Ah, da schaut's her, den Ritter; aber der is schön!"

„Der verflixte Harnisch, wenn er nur net so drucket!"

Erholung im Seitenkabinett.

Ritterliche Großmut, welche sich zwei plebejische Masken
sehr zu Nutze machen.

Die Kerls werden unverschämt.

Es kommt zum Kampfe.

Der plebejischen Taktik gegenüber erweist sich der Harnisch
in mancher Hinsicht als unzulänglich.

Amorette (sich demaskierend): „Ich erlaube mir, Ihnen bei dieser Gelegenheit Ihre Schneiderrechnung zu überreichen."

Unser schöner Ritter gewinnt eine Droschke, wobei er nachdrücklichst unterstützt wird.

„Kreuz Dunnerwetter, wenn ich nur die verfluchte Schnalle aufbrächt'; ich kann mich ja doch nicht mit dem Harnisch ins Bett legen!"

„Das wird eine schöne Nacht werden mit dem kalten, harten, engen, eisernen Bettjankerl!"

„Kracks, da haben wir's!"

„Ja, gnä' Herr, was haben denn Sie heut' nacht angefangen?!"

„O liebe Moni, helfen S' mir doch um Gotteswillen, daß ich
das Ding vom Leib krieg'!"

„Malefizgelump, marsch!"

Schmerzliche Vergißmeinnicht!

„Nie und nimmermehr!!"

Der hastige Rausch

„Kellnerin! Einen Bittern!"

„Und nachher eine Flasch' Ofner!"

„Und ein Glas Grog!"

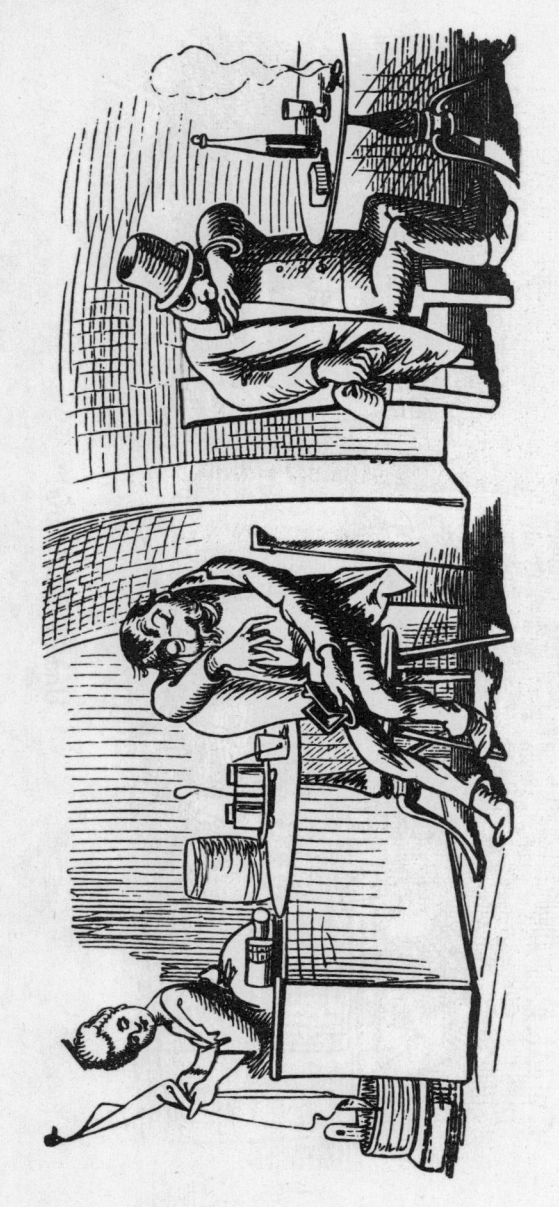

„Kellnehin, za—in!"

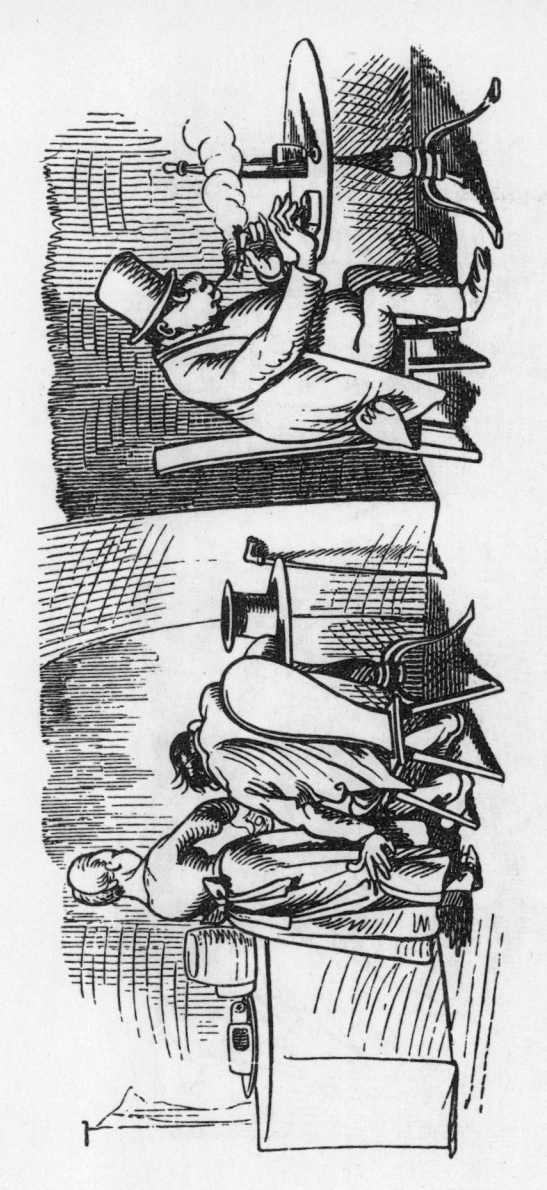

„Macht 1 Gulden 48 Kreuzer."

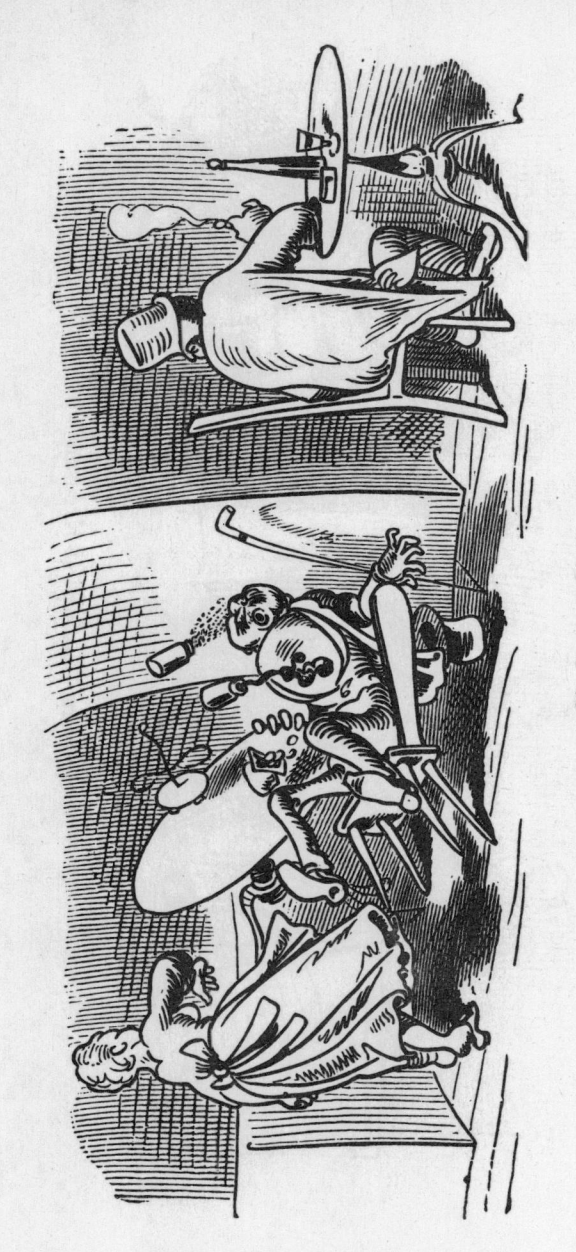

„Sie Lump, Sie!"

„Au weh!"

„Wer lacht da?"

„Ja, was wär' denn des?"

„Itzo gehörst d' mein!"

„Und drauß bist schon aa!"

MÜNCHENER BILDERBOGEN

Naturgeschichtliches Alphabet
für größere Kinder und solche, die es werden wollen

A

Im Ameishaufen wimmelt es,
Der Aff' frißt nie Verschimmeltes.

B

Die **B**iene ist ein fleißig Tier,
Dem **B**ären kommt dies g'spaßig für.

C

Die **C**eder ist ein hoher Baum,
Oft schmeckt man die **C**itrone kaum.

D

Das wilde **D**romedar man koppelt,
Der **D**ogge wächst die Nase doppelt.

E

Der **E**sel ist ein dummes Tier,
Der **E**lefant kann nichts dafür.

F

Im Süden fern die **F**eige reift,
Der **F**alk am **F**inken sich vergreift.

G

Die **G**ams' im Freien übernachtet,
Martini man die **G**änse schlachtet.

H

Der Hopfen wächst an langer Stange,
Der Hofhund macht dem Wandrer bange.

I

Trau ja dem Igel nicht, er sticht,
Der Iltis ist auf Mord erpicht.

J

Johanniswürmchen freut uns sehr,
Der Jaguar weit weniger.

K

Den Kakadu man gern betrachtet,
Das Kalb man ohne weiters schlachtet.

L

Die **L**erche in die **L**üfte steigt,
Der **L**öwe brüllt, wenn er nicht schweigt.

M

Die **M**aus tut niemand was zu Leide,
Der **M**ops ist alter Damen Freude.

N

Die **N**achtigall singt wunderschön,
Das **N**ilpferd bleibt zuweilen stehn.

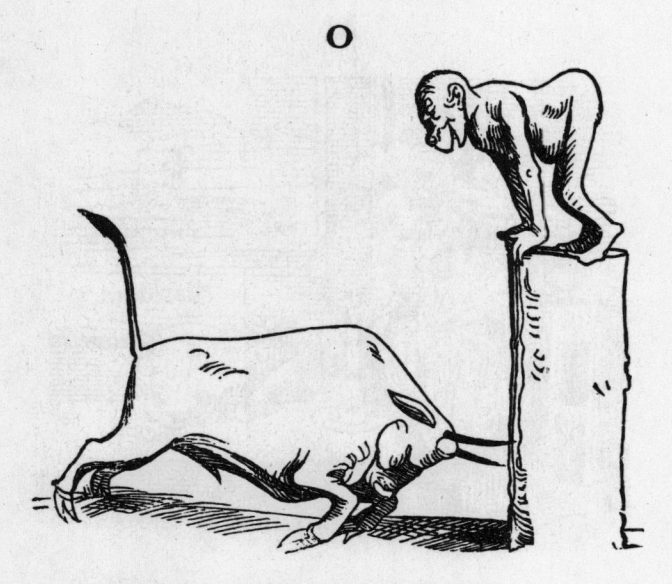

O

Der **O**rang-Utan ist possierlich,
Der **O**chs benimmt sich unmanierlich.

P

Der **P**apagei hat keine Ohren,
Der **P**udel ist meist halb geschoren.

Q

Das **Q**uarz sitzt tief im Berges-Schacht,
Die **Q**uitte stiehlt man bei der Nacht.

R

Der **R**ehbock scheut den Büchsenknall,
Die **R**att' gedeihet überall.

S

Der **S**teinbock lange Hörner hat,
Auch gibt es **S**chweine in der Stadt.

T

Die Turteltaube Eier legt,
Der Tapier nachts zu schlafen pflegt.

U

Die Unke schreit im Sumpfe kläglich,
Der Uhu schläft zwölf Stunden täglich.

V

Das Vieh sich auf der Weide tummelt,
Der Vampyr nachts die Luft durchbummelt.

W

Der Walfisch stört des Herings Frieden,
Des Wurmes Länge ist verschieden.

Z

Die Zwiebel ist der Juden Speise,
Das Zebra trifft man stellenweise.

Die Maus

„Horch, a Maus! Hörst du nix krabbeln? —
Es ist a Maus!"

„Ach, herrje! Ich bin ja die Maus nit!"

„Wart'! Dich werden wir gleich haben!"

„Jetzt paß auf, jetzt hab'n wir's!"

„Aha! Jetzt geht sie 'nein!!"

„Hat ihm schon — hat ihm schon!"

„Mach nur, daß sie dir jetzt nimmer auskommt!"

„Ach, herrje! Jetzt is sie schon wieder da!"

„Halt' dich mäuserlstad, sie beißt dich in die Schlafhaube!"

„Laß nit los, laß nit los!"
„Ja, wenn's nur mich losließ!"

„Ach, herrje! Jetzt geht alles zu Grund!"

„Ich hab' die Ehre, mich ganz gehorsamst zu empfehlen,
Herr und Madame Fischer!"

Der Bauer und der Windmüller

Die Luft ist kühl, es weht der Wind.
Der Bauer zieht zur Mühl' geschwind.

Ei, denkt der brave Bauersmann,
Da bind' ich meinen Esel an.

Der böse Müller hat's gesehn
Und läßt sogleich die Mühle gehn.

Den Esel zieht es fort, o Graus!
Der Müller guckt zum Loch heraus.

Am Schwanz hängt sich der Bauer an,
Was ihm jedoch nichts helfen kann.

Denn sieh! die Haare halten nicht.
Bumbs! liegt er da, der arme Wicht.

Der Müller aber mit Vergnügen
Sieht in der Luft den Esel fliegen.

Indessen haut dem Bäuerlein
Ein Flügel an das rechte Bein.

Jetzt endlich bleibt die Mühle stehn.
Doch um den Esel ist's geschehn.

Hier siehst du nun auf einem Karr'n
Den Abgeschied'nen heimwärts fahrn.

Und als der Bauer kam nach Haus,
Fuhr seine Frau zur Tür heraus,

Mit einem Besen, groß und lang,
Macht sie dem Bauern angst und bang.

Der Bauer nimmt die Säge
Und wehrt sich ab die Schläge.

Ein Sägezahn trifft ganz genau
Ins Nasenloch der Bauersfrau.

Die Nase blutet fürchterlich,
Der Bauer denkt: „Was kümmert's mich?"

Zur Mühle geht der Bauersmann
Und fängt sogleich zu sägen an.

Racksknacks! Da bricht die Mühle schon,-
Das war des bösen Müllers Lohn.

Der böse Müller aber kroch
Schnell aus dem off'nen Mühlenloch.

Die Fliege

Dem Herrn Inspektor tut's so gut,
Wenn er nach Tisch ein wenig ruht.

Da kommt die Fliege mit Gebrumm
Und surrt ihm vor dem Ohr herum.

Und aufgeschreckt aus halbem Schlummer,
Schaut er verdrießlich auf den Brummer.

Die böse Fliege! Seht, nun hat se
Sich festgesetzt auf seiner Glatze.

„Wart nur, du unverschämtes Tier!
Anitzo aber komm ich dir!!"

Behutsam schleicht er nach der Tasse,
Daß er die Fliege da erfasse.

Perdauz! — Darin ist er gewandt —
Er hat sie wirklich in der Hand.

Hier schaut er nun mit großer List,
Wo sie denn eigentlich wohl ist.

Surr! — Da! — Sie ist schon wieder frei.
Ein Bein, das ist ihr einerlei.

Jetzt aber kommt er mit der Klappe,
Daß er sie so vielleicht ertappe,

Und um sie sicher zu bekommen,
Hat er den Sorgenstuhl erklommen.

Rumbums! Da liegt der Stuhl und er.
Die Fliege flattert froh umher.

Da holt er aus mit voller Kraft,
Die Fliege wird dahingerafft.

Und fröhlich sieht er das Insekt
Am Boden leblos ausgestreckt.

Erquicklich ist die Mittagsruh,
Nur kommt man oftmals nicht dazu.

Die beiden Enten und der Frosch

Sieh da, zwei Enten jung und schön,
Die wollen an den Teich hingehn.

Zum Teiche gehn sie munter
Und tauchen die Köpfe unter.

Die eine in der Goschen
Trägt einen grünen Froschen.

Sie denkt allein ihn zu verschlingen.
Das soll ihr aber nicht gelingen.

Die Ente und der Enterich,
Die ziehn den Frosch ganz fürchterlich.

Sie ziehn ihn in die Quere,
Das tut ihm weh gar sehre.

Der Frosch kämpft tapfer wie ein Mann. —
Ob das ihm wohl was helfen kann?

Schon hat die eine ihn beim Kopf,
Die andre hält ihr zu den Kropf.

Die beiden Enten raufen,
Da hat der Frosch gut laufen.

Die Enten haben sich besunnen
Und suchen den Frosch im Brunnen.

Sie suchen ihn im Wasserrohr,
Der Frosch springt aber schnell hervor.

Die Enten mit Geschnatter
Stecken die Köpfe durchs Gatter.

Der Frosch ist fort — die Enten,
Wenn die nur auch fort könnten!

Da kommt der Koch herbei sogleich
Und lacht: „Hehe, jetzt hab ich euch!"

Drei Wochen war der Frosch so krank!
Jetzt raucht er wieder. Gott sei Dank!

Der hohle Zahn

Oftmalen bringt ein harter Brocken
Des Mahles Freude sehr ins Stocken.

So geht's nun auch dem Friedrich Kracke;
Er sitzt ganz krumm und hält die Backe.

Um seine Ruhe ist's getan;
Er biß sich auf den hohlen Zahn.

Nun sagt man zwar: es hilft der Rauch!
Und Friedrich Kracke tut es auch.

Allein schon treiben ihn die Nöten,
Mit Schnaps des Zahnes Nerv zu töten.

Er taucht den Kopf mitsamt dem Übel
In einen kalten Wasserkübel.

Jedoch das Übel will nicht weichen,
Auf andre Art will er's erreichen.

Umsonst! — Er schlägt, vom Schmerz bedrängt,
Die Frau, die einzuheizen denkt.

Auch zieht ein Pflaster hinterm Ohr
Die Schmerzen leider nicht hervor.

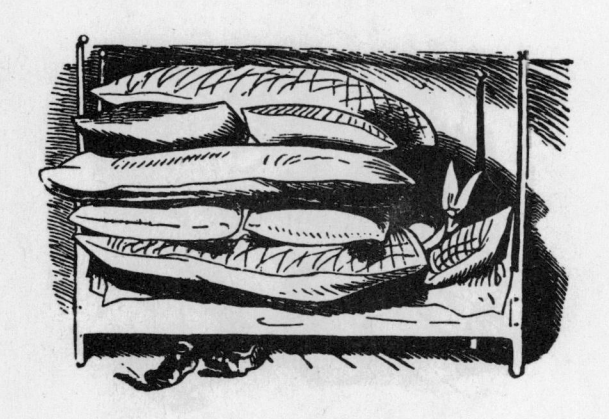

„Vielleicht" — so denkt er — „wird das Schwitzen
Möglicherweise etwas nützen."

Indes die Hitze wird zu groß,
Er strampelt sich schon wieder los;

Und zappelnd mit den Beinen
Hört man ihn bitter weinen.

Jetzt sucht er unterm Bette
Umsonst die Ruhestätte.

Zuletzt fällt ihm der Doktor ein.
Er klopft. — Der Doktor ruft: „Herein!"

„Ei, guten Tag, mein lieber Kracke,
Nehmt Platz! Was ist's denn mit der Backe?

Laßt sehn! Ja, ja! Das glaub ich wohl!
Der ist ja in der Wurzel hohl!"

Nun geht der Doktor still beiseit.
Der Bauer ist nicht sehr erfreut.

Und lächelnd kehrt der Doktor wieder,
Dem Bauern fährt es durch die Glieder.

Ach, wie erschrak er, als er da
Den wohlbekannten Haken sah!

Der Doktor, ruhig und besonnen,
Hat schon bereits sein Werk begonnen.

Und unbewußt nach oben
Fühlt Kracke sich gehoben.

Und rack — rack! — da haben wir den Zahn,
Der so abscheulich weh getan!

Mit Staunen und voll Heiterkeit
Sieht Kracke sich vom Schmerz befreit.

Der Doktor, würdig wie er war,
Nimmt in Empfang sein Honorar.

Und Friedrich Kracke setzt sich wieder
Vergnügt zum Abendessen nieder.

Das Rabennest

Zwei Knaben, jung und heiter,
Die tragen eine Leiter.

Im Nest die jungen Raben,
Die werden wir gleich haben.

Da fällt die Leiter um im Nu,
Die Raben sehen munter zu.

Sie schreien im Vereine,
Man sieht nur noch die Beine!

Der Jäger kommt an diesen Ort
Und spricht zu seinem Hund: „Apport!"

Den Knaben apportiert der Hund,
Der Jäger hat die Pfeif' im Mund.

„Nun hole auch den andern her!"
Der Schlingel aber will nicht mehr.

Der Jäger muß sich selbst bemühn,
Den Knaben aus dem Sumpf zu ziehn.

Zur Hälfte sind die Knaben
So schwarz als wie die Raben.

Der Hund und auch der Jägersmann,
Die haben schwarze Stiefel an.

Die Raben in dem Rabennest
Sind aber kreuzfidel gewest.

Der Bauer und sein Schwein

Ein Bauer treibt in guter Ruh
Sein fettes Schwein der Heimat zu.

Bei einem Wirte kehrt er ein
Und kauft sich einen Branntewein.

Da zieht das Schwein, der Bauer fällt,
Weil er sich auf das Seil gestellt.

Des Wirtes Nachbar und sein Sohn,
Die warten auf die Knödel schon.

Auf einmal kommt herein die Sau
Und stößt die gute Nachbarsfrau.

Sie stößt mit schrecklichem Gebrumm
Das Kind, den Tisch und Nachbarn um.

Heraußen steht das Bäuerlein
Und wartet auf sein fettes Schwein.

Das Schwein läuft aus der Tür heraus,
Der Bauer reitet fort im Saus.

Dem Schweine kommt das lästig vor,
Drum wälzt es sich im feuchten Moor.

Ans Ufer springt das böse Schwein,
Der Bauer mühsam hinterdrein.

Ins Schilderhaus verkriecht es sich,
Der Bauer spricht: „Jetzt hab' ich dich!"

Er setzt sich auf das Schilderhaus,
Da schaut des Schweines Schwanz heraus.

Der Wirt, Soldat und Nachbarsmann,
Die greifen jetzt den Bauern an.

Doch endlich schlachtet man das Schwein,
Da freute sich das Bäuerlein.

Diogenes und die bösen Buben von Korinth

Nachdenklich liegt in seiner Tonne
Diogenes hier an der Sonne.

Ein Bube, der ihn liegen sah,
Ruft seinen Freund; gleich ist er da.

Nun fangen die zwei Tropfen
Am Fasse an zu klopfen.

Diogenes schaut aus dem Faß
Und spricht: „Ei, ei, was soll denn das!?"

Der Bube mit der Mütze
Holt seine Wasserspritze.

Er spritzt durchs Spundloch in das Faß.
Diogenes wird pudelnaß.

Kaum legt Diogenes sich nieder,
So kommen die bösen Buben wieder.

Sie gehn ans Faß und schieben es;
„Halt, halt!" schreit da Diogenes.

Ganz schwindlich wird der Brave. —
Paßt auf! Jetzt kommt die Strafe.

Zwei Nägel, die am Fasse stecken,
Fassen die Buben bei den Röcken.

Die bösen Buben weinen
Und zappeln mit den Beinen.

Da hilft kein Weinen und kein Schrein,
Sie müssen unter's Faß hinein.

Die bösen Buben von Korinth
Sind platt gewalzt, wie Kuchen sind.

Diogenes der Weise aber kroch ins Faß
Und sprach: „Ja, ja, das kommt von das!!"

Der Hahnenkampf

Der Gickerich, ein Gockel fein,
Guckt in den Topf voll Brüh hinein.

Ein zweiter, Gackerich genannt,
Kommt auch sogleich herzugerannt.

Und jeder langt mit Mühe
Im Topfe nach der Brühe.

Der Gicker- und der Gackerich
Betrachten und fixieren sich.

Zum Kampf gerüstet und ganz nah,
So stehn sie Aug' in Auge da.

Sie fangen mit den Tatzen
Entsetzlich an zu kratzen,

Und schlagen sich die Sporen
Um ihre roten Ohren.

Jetzt rupft der Gickerich, o Graus,
Dem Gackerich die schönste Feder aus.

Doch Gackerich, der erst entfloh,
Macht's jetzt dem andern ebenso,

Und zieht den Gickerich noch obendrein
Beim Schopfe in den Topf hinein.

Da kämpfen sie noch ganz erhitzt,
Daß rund herum die Brühe spritzt.

Und keiner hält sich für besiegt,
Obschon der Topf am Boden liegt.

Jetzt kommt der Schnauzel hergerennt
Und macht dem ganzen Streit ein End'.

Sieh da, die Hähne gehn nach Haus
Und sehen ganz erbärmlich aus.

Der Schnauzel frißt den Rest der Brüh',
Den Schaden hat das Federvieh.

Die Rache des Elefanten

Den Elefanten sieht man da
Spazierengehn in Afrika.

Gemütlich geht er zur Oase
Und trinkt vermittelst seiner Nase.

Ein Mohr, aus Bosheit und Pläsier,
Schießt auf das Elefantentier.

Da dreht der Elefant sich um
Und folgt dem Neger mit Gebrumm.

Vergebens rennt der böse Mohr,
Der Elefant faßt ihn beim Ohr.

Er zieht ihn unter Weh und Ach
Zu einem nahen Wasserbach.

Da taucht er ihn ganz munter
Mit seinem Rüssel unter.

Den Mohren hätte unterdessen
Beinah das Krokodil gefressen.

Nun aber spritzt den Negersmann
Der Elefant mit Wasser an.

Er hebt ihn bei den Hosen auf
Und trägt ihn fort in schnellem Lauf.

Und wirft ihn in ein Kaktuskraut;
Der Kaktus sticht, der Mohr schreit laut.

Der Elefant geht still nach Haus,
Der Mohr sieht wie ein Kaktus aus.

Zwei Diebe

Ganz heimlich flüstern diese zwei,
Natürlich nur von Lumperei.

Da gehen sie in tiefem Schweigen,
Wohin? Das wird sich später zeigen.

Ein Fenster, welches nicht verschlossen,
Erklimmen sie auf Leitersprossen.

Hier schläft ein reicher Privatier
Bei seinem Gelde in der Näh!

Und als der Privatier erwacht,
Ein Messer ihm entgegenlacht.

Schnell will er die Pistole kriegen,
Der Dieb mißgönnt ihm das Vergnügen.

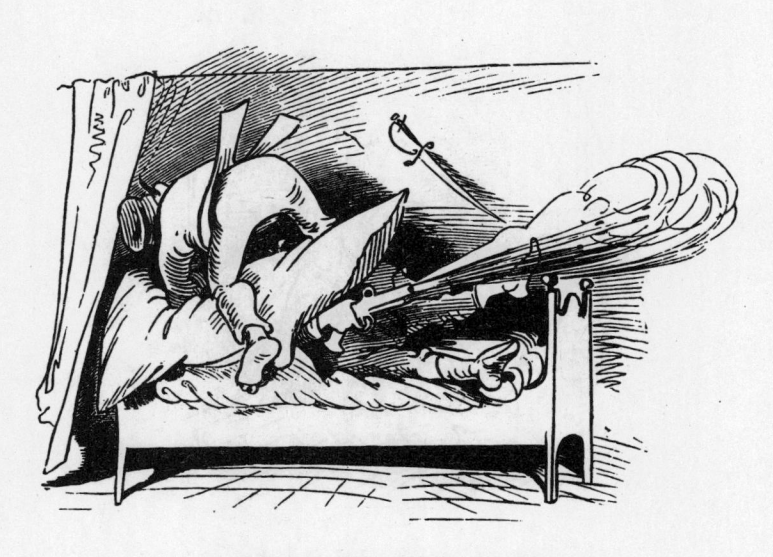

Seht nur! wie die Pistole kracht,
Dem Lumpen hat es nichts gemacht.

Der Privatier, ganz zornentbrannt,
Haut mit dem Säbel umeinand.

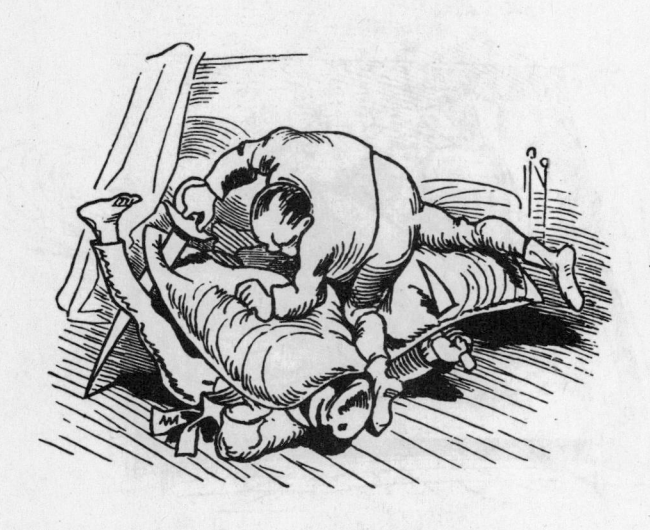

Und jeder haut und jeder sticht,
Und keiner trifft den andern nicht.

Hier knebeln sie den dicken Mann,
Daß er nicht schrein und laufen kann.

Und hängen ihn, o Sünd' und Schand',
An einen Nagel an die Wand.

Da kommt, vom lauten Knack erwacht,
Die Köchin im Gewand der Nacht

Und ruft mit bangem Wehgeschrei
Durchs Fenster nach der Polizei.

Da faßt der Dieb sie bei der Jacke
Und überzieht sie mit dem Sacke.

Da liegt sie nun, was hilft ihr Schrein?
Der Sack hüllt ihre Klagen ein.

Doch seht! Die brave Polizei
Kommt, wie gewöhnlich, schnell herbei.

Die Diebe sind im Schrank versteckt,
Die Polizei hat's gleich entdeckt.

Die Diebe sausen ins Gemach
Mit aufgespanntem Regendach.

Am Rücken liegt die Polizei,
Die Diebe stürmen schnell vorbei.

Da sieht man beide lustig fliegen,
Die böse Sache scheint zu siegen.

Doch still: die Strafe fehlet nie!
Gesegnet sei das Paraplü!

Der Schnuller

„Hier hast du ihn! Nun sei hübsch still,
Weil ich die Wäsche trocknen will."

Dem Willi schmeckt der Schnuller süß,
Zwei junge Hunde sehen dies.

Der Willi spielt mit seiner Zehe,
Die Wespe lauert in der Nähe.

Schon krabbelt Schnupp, der eine Hund,
Ganz nah an Willi seinem Mund.

Er faßt mit Hast die süße Beute,
Und eilt von dannen voller Freude.

Nun kommt auch Schnapp, der zweite Hund,
Und leckt dem Willi seinen Mund.

Der Willi aber weinet sehr,
Denn er hat keinen Schnuller mehr.

Hier krabbelt er mit Händ' und Füßen
Zur Kanne hin, die zum Begießen;

Und sucht mit Mühe sich soeben
An dieser Kanne zu erheben.

Allein vergeblich ist sein Mühn;
Der kalte Guß kommt über ihn.

Hier läuft der Schnupp in großer Hast
Und hält den Schnuller fest gefaßt.

Schön schmeckt des Schnullers Süßigkeit;
Die andern zwei sind voller Neid.

Ein jeder möchte, sich zu laben,
Den Schnuller gern alleine haben.

Der Wespenstich macht keine Freude,
Die Hunde fliehen alle beide.

Die Wespe mit vergnügtem Sinn
Betrachtet sich als Siegerin.

Großmutter aber kommt allhier

Und kehrt hinweg das Stacheltier.

Sie trägt zu einem warmen Ort
Den Willi und den Schnuller fort.

Hier liegt und schwelgt er zum Beschluß
In ungestörtem Hochgenuß.

Müller und Schornsteinfeger

Schau, schau! Der Müller, dick und rund,
Küßt Jungfer Nanni auf den Mund.

Und bald nach diesem — ei, ei, ei! —
Schwört er der Fanny ew'ge Treu!

Der Schornsteinfeger, gleich darnach,
Klagt dieser auch sein Liebesach.

Doch ungeachtet solcher Schmerzen
Küßt er die Nanni recht von Herzen.

Nun sehen Nann- und Fanny beid'
Die Spuren dieser Zärtlichkeit.

Sogleich gießt Nanni aus dem Topf
Das Wasser über Fannys Kopf,

Worauf dieselbe, sehr empört,
Die Nanni mit dem Besen kehrt.

Der Schornsteinfeger folgt derweile
Dem Müller nach in Zorn und Eile.

Der will im Kasten sich verstecken
Und kann sich doch nicht ganz bedecken.

Die Ofengabel faßt er kühn,
Der Schwarze hüpft in den Kamin.

Zu höchst ist er nun auf dem Dach. –
Wer wagt es, ihm zu steigen nach?

Schon klettert auf des Daches Giebel
Der Müller mit dem Wasserkübel.

Da langt in Eile und in Not
Der Schornsteinfeger aus dem Schlot.

Die beiden Mädln machen Feuer, —
Den' droben wird's da nicht geheuer.

Schnurr! — sausen beide nun herunter,
Die Mädchen lachen froh und munter.

Nun setzt sich auf die Kiste gar
Das schadenfrohe Mädchenpaar.

Indes — man lache nicht zu früh!
Denn — schlapp! — hier unten liegen sie.

Man sieht, daß es Spektakel gibt,
Wenn man sich durcheinander liebt.

Zum Schluß ist Zank und Streit vorbei.
Sie lieben sich zu zwei und zwei.

Der Affe und der Schusterjunge

Der Affe sitzt in sanfter Ruh' —
Der Schusterbube schleicht herzu.

Der tupft ihn voller Übermut
Mit der Zigarre, die in Glut.

Schnell springt der Affe in die Höh',
Denn die Geschichte tut ihm weh.

Er springt herab und faßt und rupft
Den Buben, welcher ihn getupft;

Eilt dann zurück mit raschem Schritt
Und nimmt auch noch die Flasche mit.

Der Affe steht auf einem Bein
Und trinkt den guten Branntewein.

Der Schusterbub will's ihm verwehren,
Der Affe läßt sich ungern stören;

Und auf dem Buben mit Geklirr
Zertrümmert er das Trinkgeschirr.

Des Schusterbuben Wehgeschrei
Lockt einen dicken Herrn herbei.

Kaum, daß der Herr sich dreingemischt,
So hat der Aff' den Hut erwischt.

Dem Herrn sein Hut ist noch ganz neu,
Dem Affen ist das einerlei.

Der Herr schlägt mit dem span'schen Rohr,
Der Affe hält den Hut davor.

Und eh' es sich versieht der Dicke,
Nimmt ihm der Affe die Perücke.

Jetzt hat er auch den Stock gepackt
Und biegt ihn, bis er abgeknackt.

Fort schleicht der Bube und der Dicke,
Der Aff' zerstückelt die Perücke.

Der Affe schlummert ruhig ein
Voll Seelenruh' und Branntewein.

Der Bauer und das Kalb

Ein Bauer, der kein Geld mehr hat,
Der brächte gern sein Kalb zur Stadt.

Doch schau, wie dieses Tier sich sträubt
Und widerspenstig stehen bleibt!

Der liebenswürdige Bauersmann
Bietet umsonst ihm Kräuter an.

Vergebens druckt er es und schiebt,
Das Kalb bleibt stehn, wie's ihm beliebt.

Und ganz vergeblich ebenfalls
Sucht er es fortzuziehn am Hals.

Jetzt schau, wie er's mit Disteln sticht!
Das Kalb schreit: „Bäh!" Doch geht es nicht.

Er nimmt das Kalb bei Schweif und Ohr,
Doch bleibt es störrisch wie zuvor.

Mit Drohen und Belehren
Sucht er es zu bekehren.

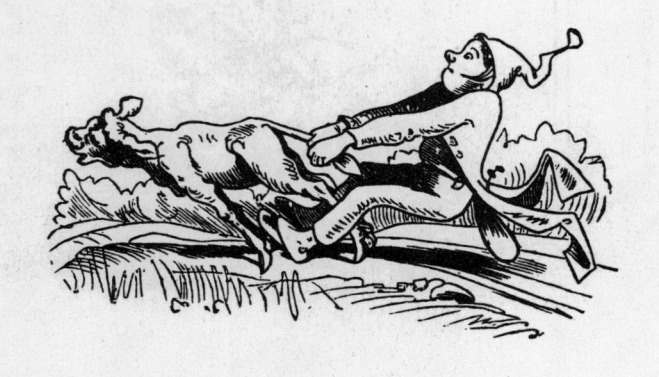

Doch schon im nächsten Augenblick
Möcht' es durchaus zum Stall zurück.

Da denkt er, es mit Schlägen
Zum Gehen zu bewegen.

Allein trotz allem Schlagen
Muß er das Kalb noch tragen.

Weil das ihm aber lästig ist,
Besinnt er sich auf eine List.

Er hängt die Glocke um, schreit: „Muh!"
Da glaubt das Kalb, er sei die Kuh.

Adelens Spaziergang

Ein Mädchen, schön und voll Gemüt,
Geht hier spazieren, wie man sieht.

Sie pflückt auf frühlingsgrüner Au
Vergißmeinnicht, das Blümlein blau.

Ach Gott! da hupft ein grüner, nasser,
Erschrecklich großer Frosch ins Wasser.

Adele, die ihn hupfen sah,
Fällt um und ist der Ohnmacht nah.

Ameisenbisse tun gar weh;
Schnell springt Adele in die Höh'.

Ein Schäfer weidet in der Fern. –
Den Ziegenbock hat man nicht gern.

Es stößt der Bock—Adele schreit—
Der Hirt ist in Verlegenheit.

Auf seine Hörner nimmt der Bock
Adelens Krinolinenrock.

Hund, Hirt und Herde stehen stumm
Um diesen Unglücksfall herum.

Der Schäfer trägt Adelen fort;
Ein Storch kommt auch an diesen Ort.

Schnapp! faßt der Storch die Krinoline
Und fliegt davon mit froher Miene.

Hier sitzt das Ding im Baume fest
Als wunderschönes Storchennest.

Der hinterlistige Heinrich

Die Mutter sprach: „O Heinrich mein!
Nimm diese Brezen, sie sei dein!"

Der böse Heinrich denkt sich gleich:
„Jetzt fang ich Gänse auf dem Teich."

Ein junges Gänslein schwamm ans Land,
Schwapp! hat es Heinrich in der Hand.

Es schreit und zappelt fürchterlich;
Die Alten sind ganz außer sich.

Jetzt faßt die Gans den Heinrich an,
Wo sie zunächst ihn fassen kann.

Der Heinrich fällt auf seinen Rücken;
Am Ohr tun ihn die Gänse zwicken.

Sie fliegen dann, o weh, o weh!
Mit Heinrich fort und in die Höh.

Hoch über seiner Mutter Haus,
Da lassen sie den Heinrich aus.

Der fällt ganz schwarz und über Kopf
Der Mutter in den Suppentopf.

Mit einer Gabel und mit Müh'
Zieht ihn die Mutter aus der Brüh'.

Hier sieht man ihn am Ofen stehn. —
Dem Schlingel ist ganz recht geschehn!

Die Gänse aber voll Ergötzen
Verzehren Heinrichs braune Brezen.

Der Virtuos

Ein Neujahrskonzert

Zum neuen Jahr begrüßt euch hier
Ein Virtuos auf dem Klavier.
Er führ' euch mit Genuß und Gunst
Durch alle Wunder seiner Kunst.

Silentium

Introduzione

Scherzo

Adagio

Adagio con sentimento

Piano

Smorzando

Maëstoso

Capriccioso

Passagio chromatico

Fuga del diavolo

Forte vivace

Fortissimo vivacissimo

Finale furioso

Bravo, bravissimo!

Der gewandte, kunstreiche Barbier und sein kluger Hund

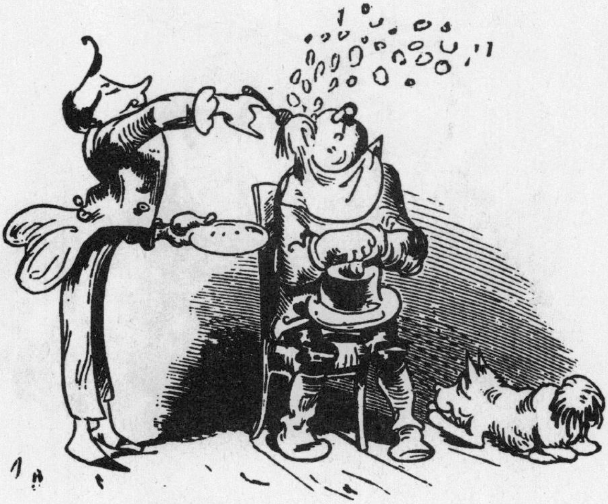

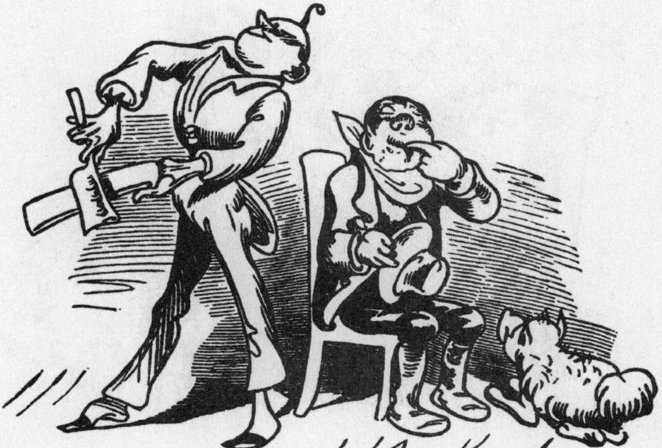

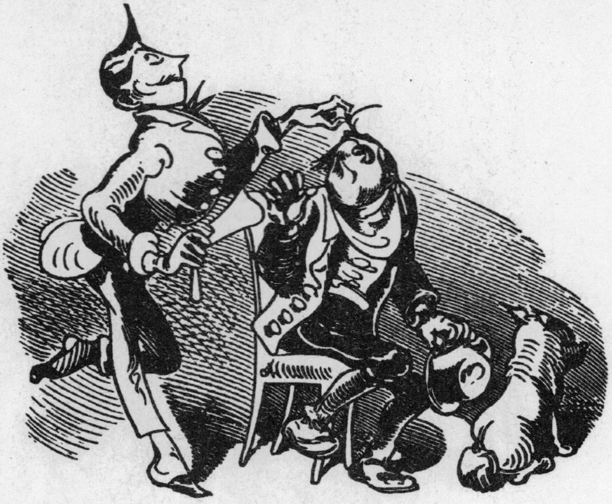

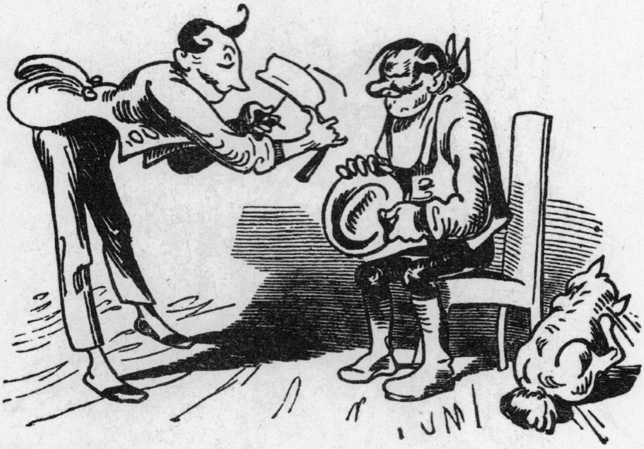

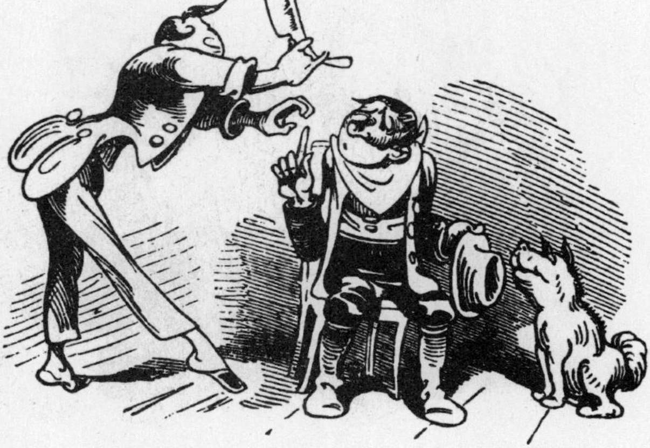

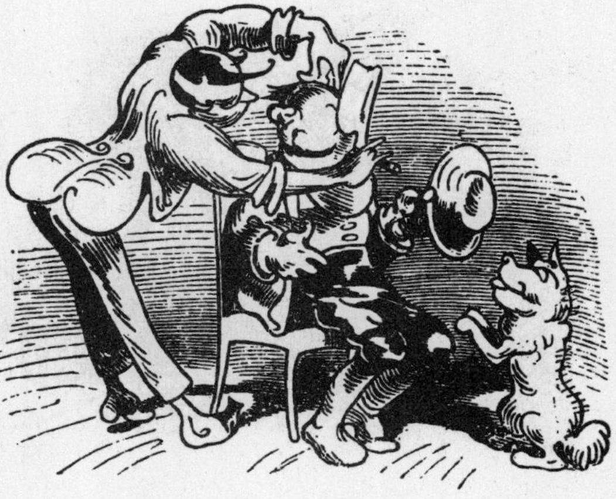

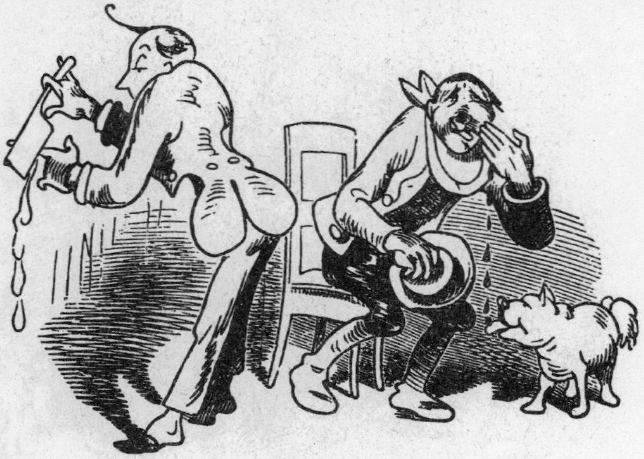

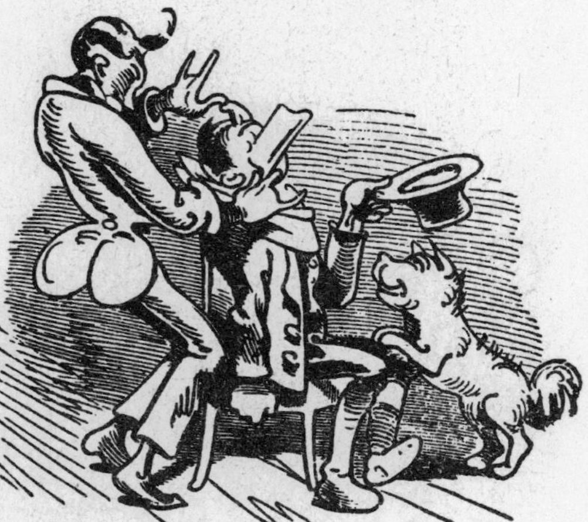

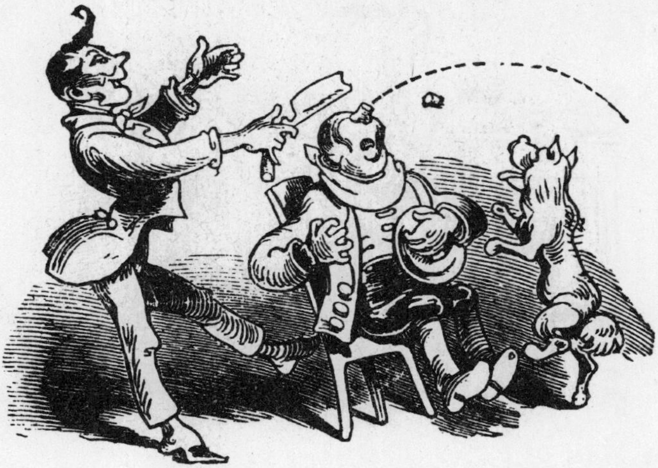

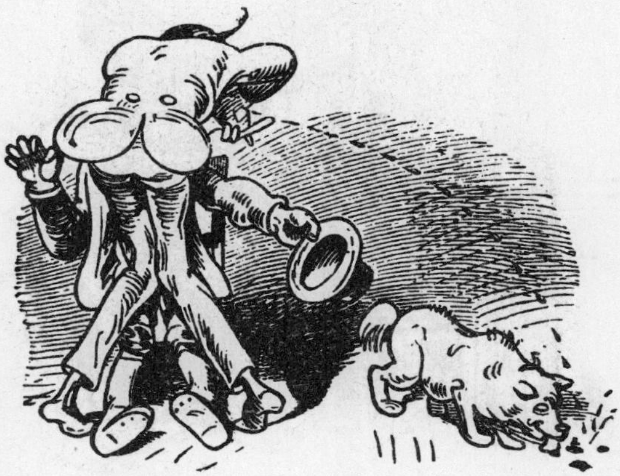

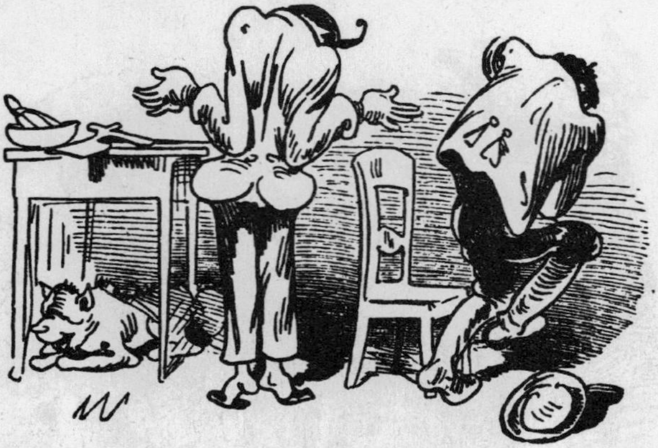

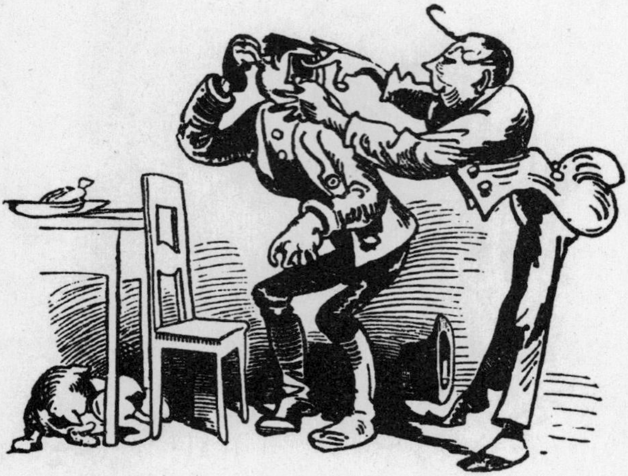

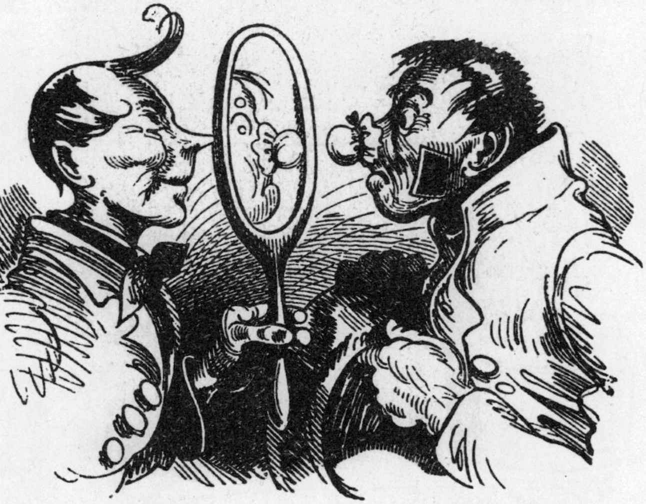

Das warme Bad

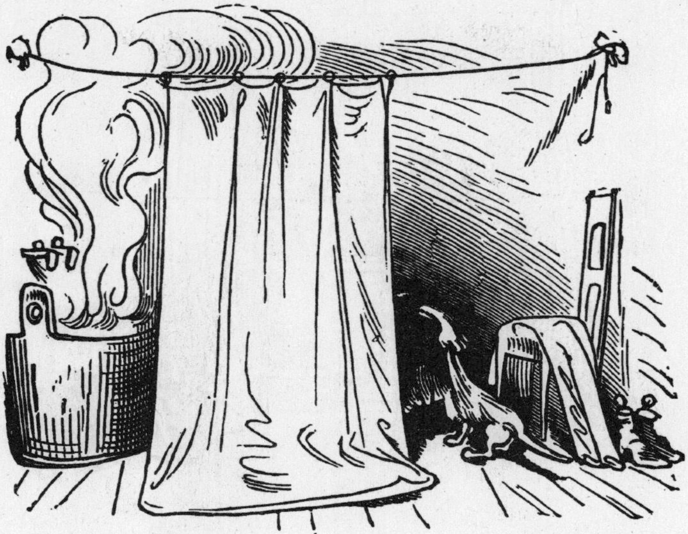

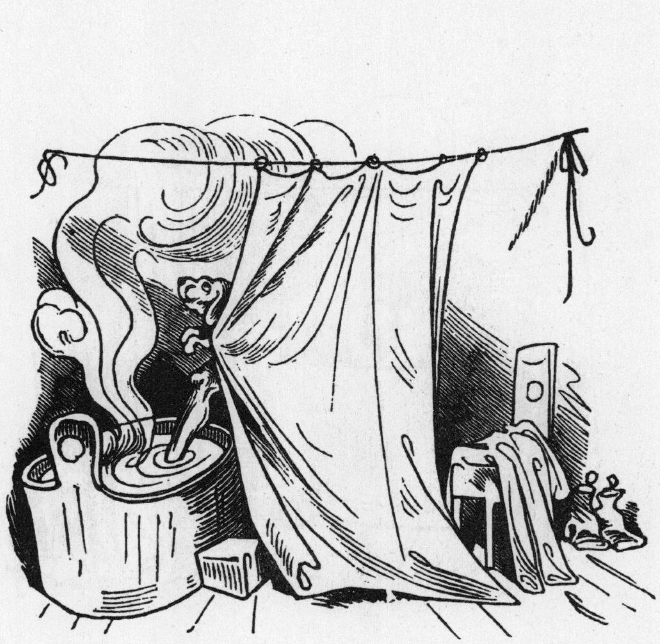

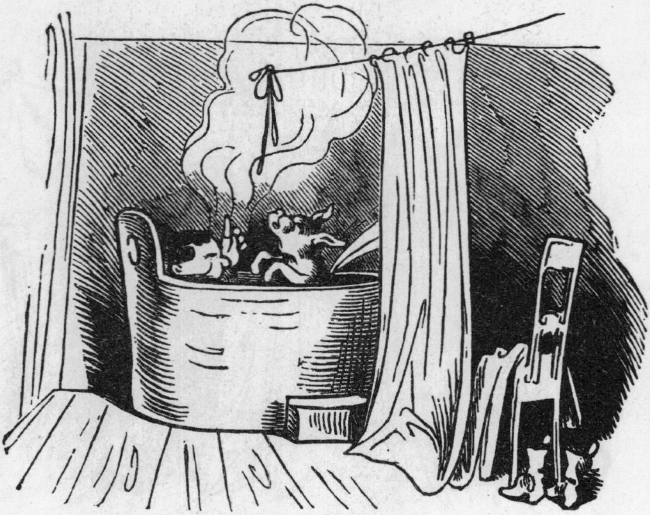

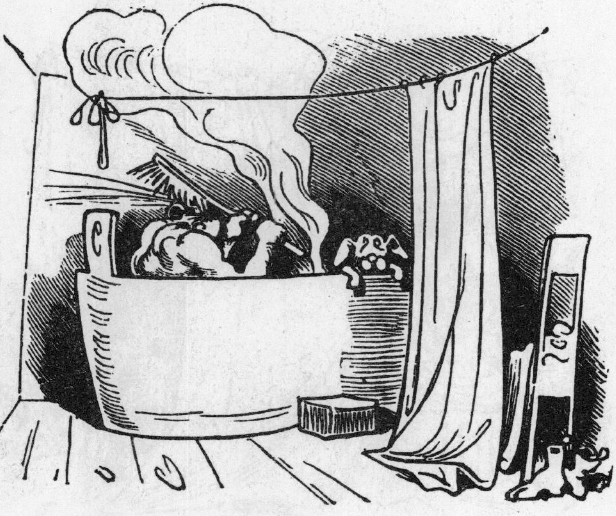

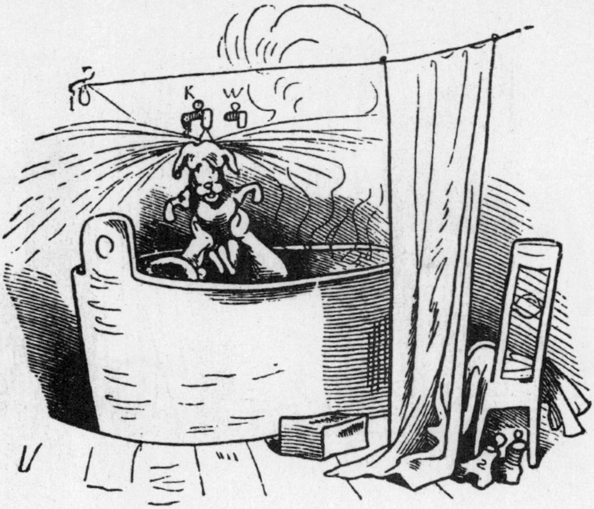
K
W

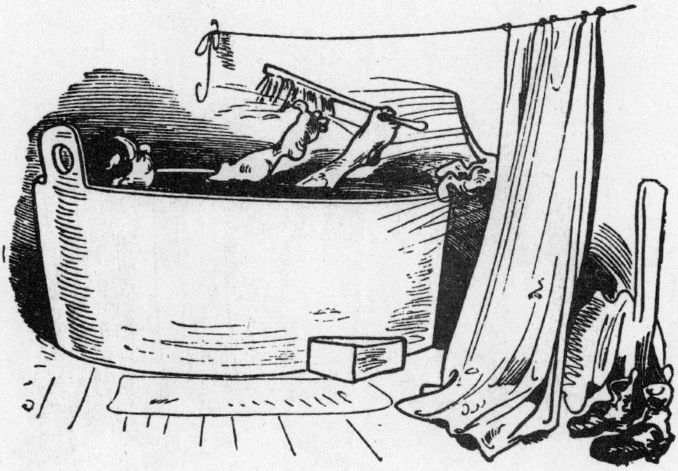

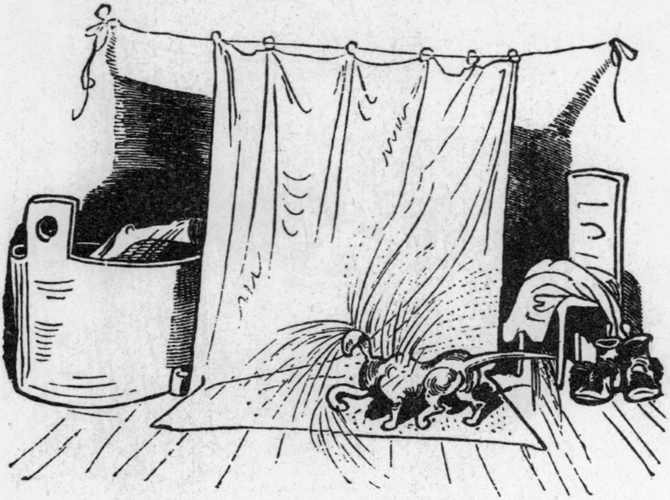

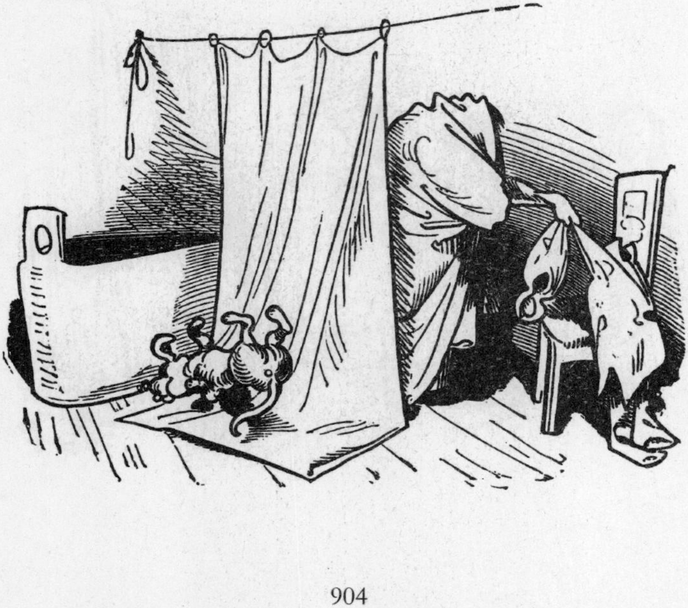

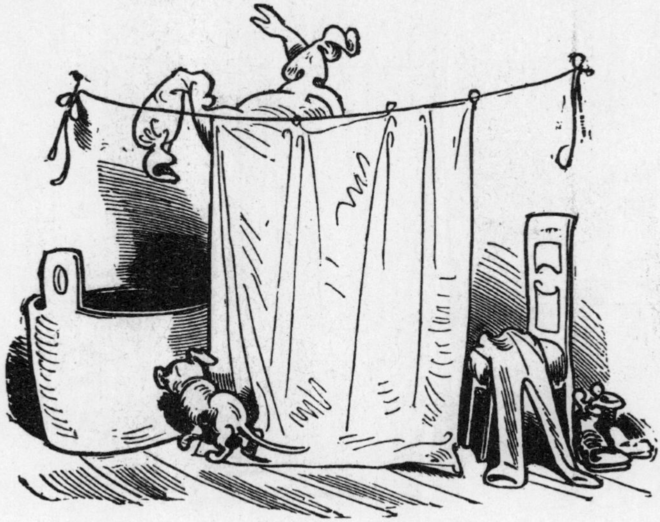

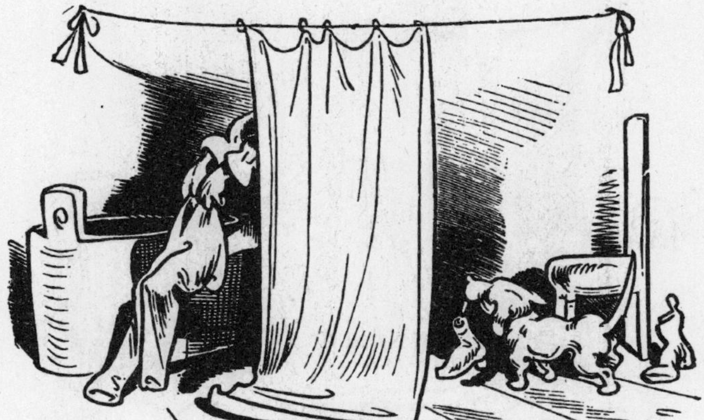

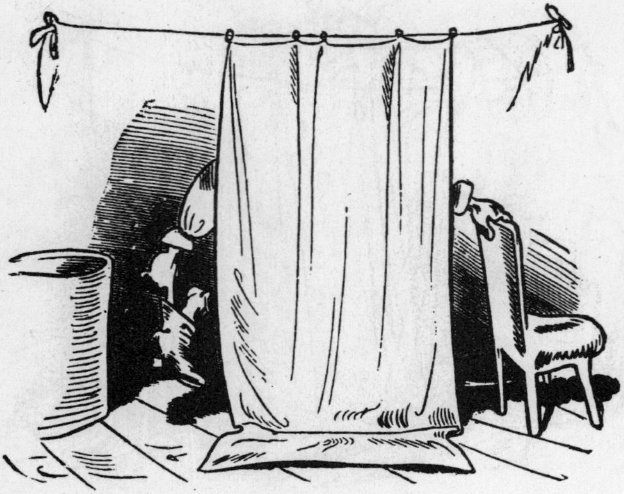

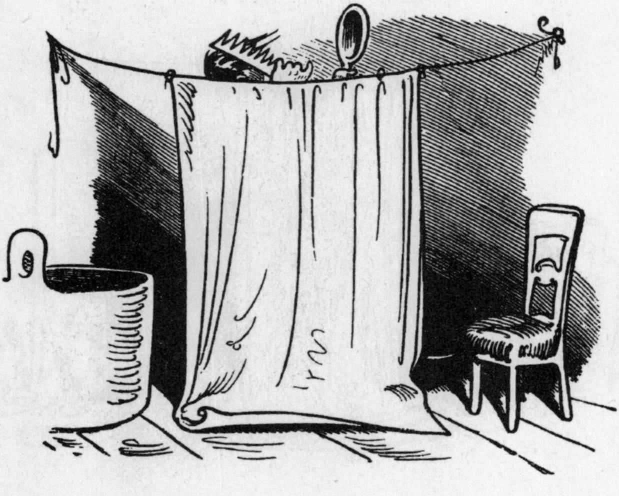

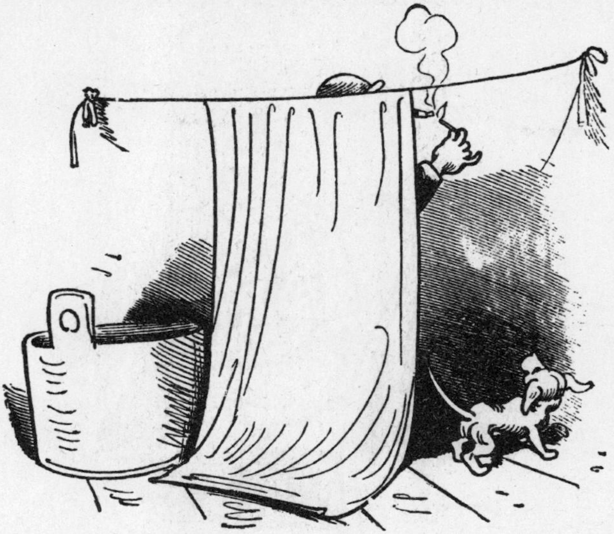

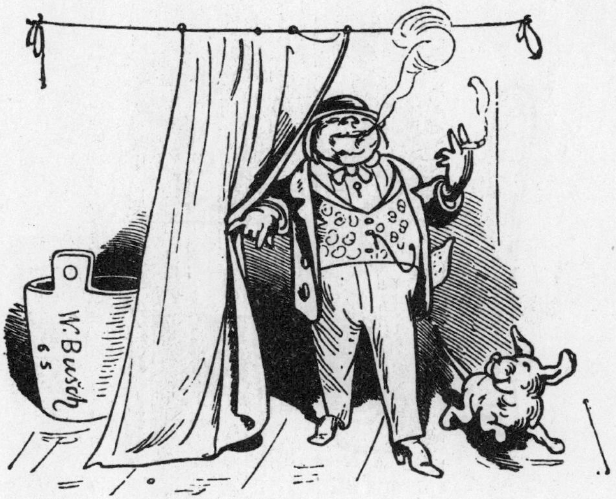
W. Busch
65

Die Strafe der Faulheit

Fräulein Ammer kost allhier
Mit Schnick, dem allerliebsten Tier.

Sie füttert ihn, so viel er mag,
Mit Zuckerbrot den ganzen Tag.

Und nachts liegt er sogar im Bett,
Da wird er freilich dick und fett.

Einstmals, als sie spazieren gehen,
Sieht man den Hundefänger stehen.

Er lockt den Schnick mit einer Brezen.
Das Fräulein ruft ihn voll Entsetzen.

Doch weil er nicht gehorchen kann,
Fängt ihn – gripsgraps! – der böse Mann.

Seht, wie er läuft, der Hundehäscher!
Und trägt im Sack den dicken Näscher.

Gern lief er fort, der arme Schnick,
Doch ist er viel zu dumm und dick.

„Den schlacht' ich!" spricht der böse Mann,
„Weil er so fett und gar nichts kann."

Das Fräulein naht und jammert laut,
Es ist zu spat: da liegt die Haut.

Zwei Gülden zahlt sie in der Stille
Für Schnickens letzte Außenhülle.

Hier steht der ausgestopfte Schnick; –

Wer dick und faul, hat selten Glück.

Der Lohn des Fleißes

„Komm Nero!" spricht Herr Bartel ernst,
„Es wird jetzt Zeit, daß du was lernst!

Du willst nicht? — Gut! so hau' ich dich
Mit einem Stecken fürchterlich."

Drauf sitzt der Nero mäuschenstill
Und hört, was man ihm sagen will.

„Hut ab!" das ist das erste Stück,
Der Nero macht es mit Geschick.

Zum zweiten: „Jenen Stecken dort!
Nur munter, Nero! such! apport!"

Und jetzt: „Die Tür auf! — So, so, so!
Das geht ja schon: Bravissimo!"

„Ach!" denkt der Nero, „ach, wozu
Läßt mich mein Herr doch nicht in Ruh'?!"

Da kommt, als sie spazieren gingen,
Der Hundefänger mit der Schlingen.

„Hut ab!" ruft schnell Herr Bartel jetzt,
Der Hundefänger ist entsetzt.

Und läßt, dieweil der Schreck so groß,
Die festgemachte Schlinge los.

Gleich sitzt der Nero mit der Mütze
In einer tiefen Wasserpfütze.

Der böse Mann, gar sehr gewandt,
Fischt aber Nero an das Land,

Und sperrt ihn in den Gitterkasten,
Und schreit: „Jetzt soll der Schlingel fasten!"

Doch kaum hat sich der Mann entfernt,
Zeigt Nero, daß er was gelernt.

Er macht die Türe auf und dann
Läuft er nach Haus, so schnell er kann.

Hier kehrt er heim und ist erfreut,—
Das macht allein die Fleißigkeit.

Der neidische Handwerksbursch

Das Hähnerl hier ist für den Dicken.
Der Handwerksbursch fühlt Magenzwicken.

Die Zeitung ist oft int'ressant.
Ein Hähnerl nimmt man gern zur Hand.

Die Politik ist sehr belehrend.
Der Wohlgeruch ist manchmal störend.

Der Dicke schmaust, es perlt der Wein;
Der Handwerksbursch schaut neidisch drein.

Der Handwerksbursche, unverwandt,
Vertieft sich in den Gegenstand.

Auch das noch! — Es ist unerträglich! —
Er flötet so leger als möglich.

Der Dicke schlürft mit viel Gefühl
Dem Handwerksburschen wird es schwül.

Er zahlt drei Kreuzer sehr verlegen,
Stolz nimmt sie der Herr Wirt entgegen.

Drei Taler zahlt der gnäd'ge Herr.
Da ist der Wirt schon höflicher. —

Die Sonne brennt, der Staub der weht,
Der Dicke fährt, der Dünne geht.

Der Handwerksbursche froh und frei
Ruht sanft im duft'gen Wiesenheu.

Der Dicke aber — „autsch! mein Bein!" —
Hat wieder heut das Zipperlein.

Die feindlichen Nachbarn

oder:

Die Folgen der Musik

Ein Maler und ein Musikus,
So Wand an Wand, das gibt Verdruß.

Besonders wird das Saitenspiel
Dem Nebenmenschen oft zuviel.

Schon hat der Maler, sehr verdrossen,
Sich die Ohren zugeschlossen.

Doch so ein rechtes Flageolett
Dringt durch. — Der Maler kriecht ins Bett. —

Jetzt kommt vermittelst einer Pfeife
Des Malers Racheplan zur Reife.

Das Wasser rinnt ins Instrument;
Der Musikus schreit Zapperment!

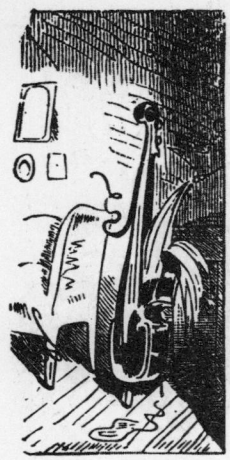

Er kommt, von Rachedurst durchdrungen,
Ins Atelier hereingesprungen;

Und packt — ritsch, ratsch! — mit kühner Hand
Den Maler durch die Leinewand

Nun geht es los! — Der Pudel naht
Und mischt sich in das Attentat.

Der Musikus kämpft unverdrossen
Und wird mit Sikkativ begossen. —

Am Ende läßt man ab vom Streite;
Der Pudel freut sich seiner Beute.

Verruiniert stehn beide da,
Das tatest du, Frau Musika!

Schmied und Teufel

Ein kleiner Teufel, bös und frech,
Kommt aus der Hölle, schwarz wie Pech.

Der Schmied tut sich entsatzen,
Der Teufel will ihn kratzen.

Durch eine hohle Tonnen
Ist ihm der Schmied entronnen.

Der Schmied sitzt bei der Schraube,
Der Teufel zupft die Haube.

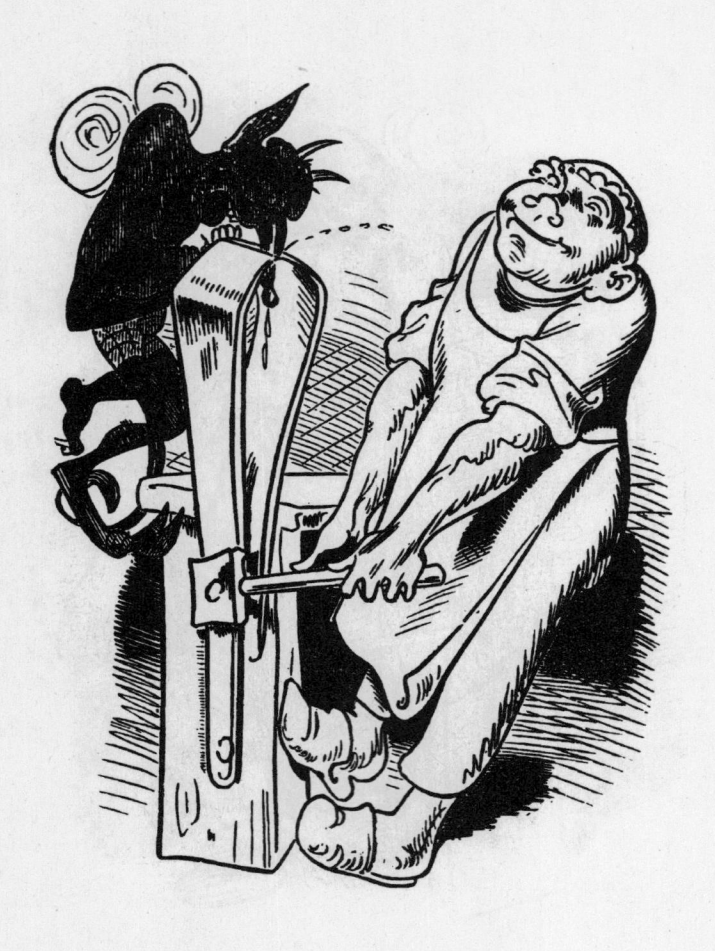

Der Teufel nähert der Klammer sich:
Ja, siehst du wohl! Da hat er dich!

Er faßt ihn mit der Zange,
Dem Teufel wird es bange.

Er legt ihn über den Ambos quer,
Au, au! Da schreit der Teufel sehr.

Der Schwanz wird abgekniffen,
Der Teufel hat gepfiffen.

Er heult und fährt zur Hölle nieder:
„Das sag ich meiner Großmutter wieder!!"

Die Entführung aus dem Serail

Der Sultan winkt — Zuleima schweigt
Und zeigt sich gänzlich abgeneigt.

„Ha!" ruft der Sultan zorn'gen Muts,
„Führt sie hinweg!!" — Der Sklave tut's.

Der Ritter Artur sucht voll Tücken
Des Hauses Wächter zu berücken.

Schon trinkt die Wache ziemlich viel,
Herr Artur stimmt sein Lautenspiel.

Jetzt ist die Schildwach' schon betrunken,
Und schau! Zuleima hat gewunken.

Hier grüßt man sich voll Zärtlichkeit —
— Gebt acht! der Aga ist nicht weit!

Der ruft: „Herr Sultan, kommt in Eil'!
Grad steigt da wer in das Serail!"

Die beiden Türken steigen nach
Bis zu Zuleimas Vorgemach.

Kaum sind die beiden Türken oben,
Da wird die Leiter umgeschoben.

Der Aga sticht in großer Hitze
Dem Sultan in die Nasenspitze.

Dem Sultan aber klopft das Herz
Vor Herzenspein und Nasenschmerz.

Das Pärchen aber, froh und heiter,
Entflieht per Schiff und segelt weiter.

Vetter Franz auf dem Esel

Die hübschen Bäschen bitten sehr:
„Ach, Vetter Franz! reit mal umher!"

Und Franz, natürlich gleich bereit,
Gewinnt das Tier durch Freundlichkeit.

Schon sitzt er drauf und kommt nicht weiter,
Worob die Basen äußerst heiter.

Er denkt: „Ja wart! du wirst schon gehn!
Ich muß dich mal beim Schwanze drehn!"

Jetzt brennt er ihn am Kreuz herum,
Den Esel ziehn die Schmerzen krumm,

Und er, der eben noch verstockt,
Ermuntert sich und springt und bockt.

Im Eck, wo die Geräte hängen,
Sucht er den Vetter zu bedrängen.

Nun druckt er gar nach hint' hinaus
Ins glasbedeckte Blumenhaus.

Da steht die bittre Aloe,
Setzt man sich drauf, so tut es weh.

Die treibt durch ihre Dorne
Den Esel schnell nach vorne.

Und — schwupp! — kommt Vetter Franz im Bogen
Auf die Kusinen zugeflogen.

Und — pautz! perdautz! — geht's über Kopf
Durch Butter und durch Millichtopf.

Am Schluß bemüht ein jeder sich,
Hinwegzutun, was hinderlich.

Die Brille

Des Mittags, als es zwölfe war,
Setzt sich zu Tisch der Herr Aktuar.

Er schaut bedenklich, ernst und stille,
Die Suppe an durch seine Brille.

Und durch die Brille, scharf und klar,
Entdeckt er gleich ein langes Haar.

„Nun!" — sprach die Frau — „das kann wohl mal passieren!
Hast du mich lieb, so wird's dich nicht genieren!"

Er aber kehrt sich schleunigst um
Und holt die Flasche, die voll Rum.

Er trinkt und ist so sehr verstockt,
Daß selbst die Wurst ihn nicht verlockt.

„Ach!" denkt die Frau, „wie wird das enden!"
Und sucht die Flasche zu entwenden.

Doch hierin kennt er keinen Spaß:
„Gleich stell sie her! Sonst gibt es was!"

Und schon ergreift er mit der Hand
Den Stock, der in der Ecke stand.

Die Frau versucht zu fliehn; indes
Der Hakenstock verhindert es.

Ein Schlag, gar wohlgezielt und tüchtig,
Trifft und zerbricht die Flasche richtig.

Nun nimmt die Frau die Sache krumm
Und kehrt sich zur Attacke um.

Sie hat die Brill' und freut sich sehr,
Der Mann steht da und sieht nichts mehr.

Er tappt herum als blinder Mann,
Ob er den Feind nicht finden kann.

Und tappt in seiner blinden Wut —
Autsch! — an des Ofens heiße Glut.

Er dreht sich um und allbereits
Brennt ihn der Ofen anderseits.

Nun aber wird die Wut erst groß —
Was es auch sei — er haut drauf los.

Die Suppenschüssel, Wurst und Glas
Wird ruiniert, der Hund wird naß.

Und Frau und Hund entfliehn; doch er
Fällt mit dem Stuhl schnell hinterher.

Voll Eifer will er nach, und ach!
Rennt an die Tür mit großem Krach.

Nun ist's zu Ende mit dem Rasen!
Das rote Blut rinnt aus der Nasen.

Und demutsvoll und flehentlich
Bemüht er um die Brille sich.

Er nimmt mit Freud' und Dankgefühl
Die Brille von dem Besenstiel.
So triumphiert das brave Weib. —
Die Wurst hat Tapp, der Hund, im Leib.

Die Folgen der Kraft

Mit kühnem Mut aus seinem Bett
Schwingt sich der Turner Hoppenstedt.

Schon ist das Hantelpaar bereit
Zu frisch-fromm-freier Tätigkeit.

Der Bizeps wird zuerst geübt,
Er, der dem Arm die Spannkraft gibt.

Einseitig aber ist der Mann,
Der's nicht mit beiden Händen kann.

Stramm sei der Nacken, daß man trage
Das Vollgewicht in kühner Waage.

Besonders auch versäumt er nie
Des Beines Muskelenergie.

Derweil sitzt unten beim Kaffee
Herr Meck und deutet in die Höh'.

Es wächst die Kraft. — Doch unten hier
Liest Vater Meck in dem Kurier.

Und kracks! — zu groß wird das Gewicht!
Die Decke trägt es nicht — und — bricht.

Und Hoppenstedt, wie er sich stemme,
Saust schon in Topf und Butterbemme.

Man läuft, man fällt nach allen Seiten,
Und Hoppenstedt fängt an zu reiten.

Er eilt hinaus mit schnellem Schritt
Und Topf und Butter eilen mit.

Am schlimmsten aber — oh! oh! oh!
Erging es dem guten Fidelio.

Der Wurstdieb

Hier hängt die Wurst – dort an der Mauer
Steht Louis heimlich auf der Lauer.

Und schon bemerkt man sein Bestreben,
Sich eine Wurst herauszuheben.

Jetzt hat er sie und schleicht davon;
Doch Graps, der Hund, erblickt ihn schon.

Eh' Louis denkt, daß er ihn packe,
Hat Graps ihn hinten bei der Jacke.

Die zwei, die schaun sich ins Gesicht,
Der eine froh, der andre nicht.

Graps aber trägt mit sanftem Schritte
Die Wurst zu seiner stillen Hütte.

Indessen Graps sich so ergötzt,
Hat Louis aufrecht sich gesetzt

Und will ganz heimlich sich soeben
Aus dieser Gegend fortbegeben;

Doch Graps, der wachsam, zieht ihn wieder
Mit kühnem Griff nach hinten nieder.

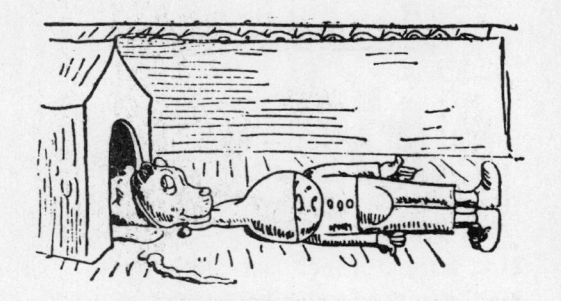

Er legt sich klüglich auf die Spitze
Von Louis seiner Zipfelmütze.

Der treue Graps, der denkt sich: Nun
Kann ich getrost ein wenig ruhn!

Doch Louis zog ganz in der Stille
Den Kopf aus seiner spitzen Hülle

Und wäre glücklich fast entkommen,
Hätt' ihn der Graps nicht festgenommen.

Er steht und darf sich nicht bewegen;
Von oben strömt ein kühler Regen.

Der Regen wird zu kaltem Reif;
Der Louis friert ganz starr und steif.

Der gute Nachbar sah ihn stehn
Und will mit ihm zum Ofen gehn.

Bauz! Klirr! Er stolpert an der Schwelle;
Der Louis ist ein Eisgerölle.

Da nimmt der gute Nachbar schnell den Besen
Und fegt hinaus, was Louis einst gewesen.

Die kühne Müllerstochter

Es heult der Sturm, die Nacht ist graus,
Die Lampe schimmert im Müllerhaus.

Da schleichen drei Räuber wild und stumm –
Husch, husch, pist, pist! – ums Haus herum.

Die Müllerstochter spinnt allein,
Drei Räuber schaun zum Fenster herein.

Der zweite will Blut, der dritte will Gold,
Der erste, der ist dem Mädel hold.

Und als der erste steigt herein
Da hebt das Mädchen den Mühlenstein.

Und – patsch! – der Räuber lebt nicht mehr,
Der Mühlstein druckt ihn gar zu sehr.

Doch schon erscheint mordgierig-heiter
Und steigt durchs Loch der Räuber zweiter.

Ha! Hu! – Er ist, eh' er's gewollt,
Wie Rollenknaster aufgerollt.

Jetzt aber naht mit kühnem Schritte
Voll Goldbegierigkeit der dritte.

Schnapp! – ist der Hals ihm eingeklommen;
Er stirbt, weil ihm die Luft benommen.

So starben die drei ganz unverhofft.
O Jüngling! Da schau her!
So bringt ein einzig Mädchen oft
Drei Männer ins Malheur!!!

Der Schreihals

»Da, Lina, zieh ihm's Nachtzeug an,
Daß ich die Flasche wärmen kann.«

Die Mutter geht, und eh' sie scheidet,
Wird Willi schon des Hemds entkleidet.

Die Wäscherei gefällt ihm nicht,
Vor allen Dingen im Gesicht.

Doch schreit er nicht und hält ganz still
Und läßt sich pudern, wo man will

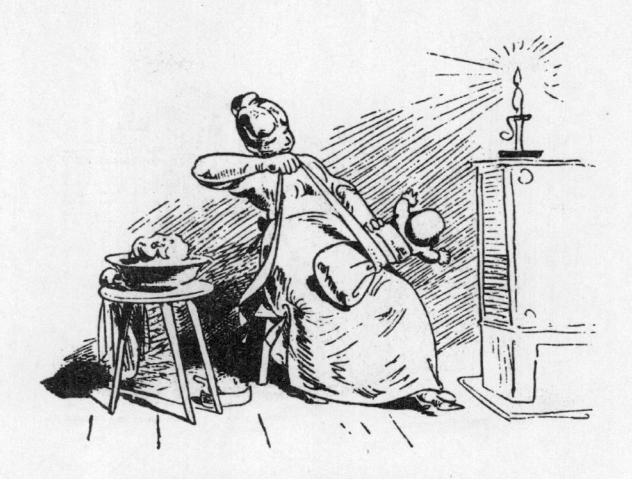

Kaum aber schnüret man ihn ein,
So fängt er auch schon an zu schrei'n.

Habäh! – So tönt sein Wehgeschrei
Und lockt den Vater selbst herbei.

»Hier, halt ihn eben mal, Papa!
Ich geh' und rufe die Mama!«

Der Vater trommelt an den Scheiben,
Um Willis Trauer zu vertreiben.

Er läßt ihn in den Spiegel schau'n. –
Der Willi schreit, bis daß er braun.

»Horch, Willi, horch, die Ticktackuhr!« –
Der Willi schreit noch ärger nur.

»Susu, mein Herz!
Schlaf ein, schlaf ein!«
Er fängt noch lauter
an zu schrei'n.

Mit List zeigt er
die Zipfelhauben –
Umsonst! – der Willi
will's nicht glauben.

Jetzt macht er einen Butzenmann. –
O weh! – Nun geht's noch schlimmer an.

Die Mutter öffnet grad die Tür:
»Mein Herz! Was machen sie mit dir?!«

Die Mutter macht ein ernst Gesicht:
»Ja, was ist das? – Auch dieses nicht?!« –

Grad kommt die Tante auf Visite
Und ruft erschreckt: »Du meine Güte!« –

Voll Weisheit öffnet sie den Bund. –
Da haben wir's! – Das war der Grund! –

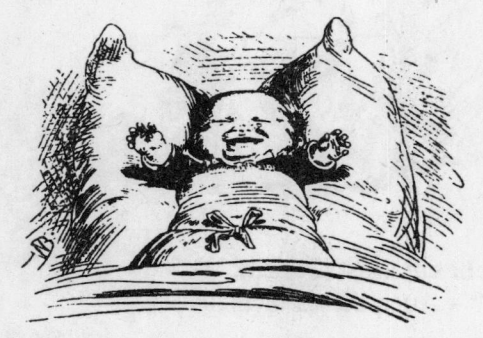

Und Willi, der von Schmerz befreit,
Lacht laut vor lauter Heiterkeit.

Die Prise

Der Herr Direktor
sitzt beim Wein
Und schaut gar sehr
verdrießlich drein.

Das Auge schweift ins Grenzenlose;
Die Hand greift nach der Tabaksdose.

Das wohlgeübte Fingerpaar
Erfaßt so viel, als möglich war.

Und sparsam, selbst im Überfluß,
Vertieft er sich in den Genuß.

Zwar fühlt er sich zunächst geniert,
Weil er nur halbe Wirkung spürt.

Doch soll ein mildes Nasenreiben
Die Sache fördern und betreiben.

Auch wird das Sacktuch, blaugeblümt,
Als Nasenfeile sehr gerühmt.

Und hilft auch alles dieses nicht,
So hilft ein Blick ins Sonnenlicht.

Die Spannung steigt, der Drang wird groß –
Nur still! Gebt acht! – Gleich drückt er los!

Haptschi! –
Wer schnupft und dieses hört,
Der findet es beneidenswert.

Denn was die Seele dumpf umhüllt,
Wird plötzlich heiter, klar und mild.

Ja! – Sehr erheitert uns die Prise,
Vorausgesetzt, daß man auch niese!

INHALTSVERZEICHNIS

Was mich betrifft (Selbstbiographie)	7
Max und Moritz	21
Die fromme Helene	79
Hans Huckebein, der Unglücksrabe	191
Fipps der Affe	217
Das Bad am Samstagabend	309
Das Pusterohr	323
Knopp-Trilogie	331
Abenteuer eines Junggesellen	333
Herr und Frau Knopp	425
Julchen	495
Plisch und Plum	561
Fliegende Blätter	617
Ein Abenteuer in der Neujahrsnacht	619
Die gestörte und wiedergefundene Nachtruhe	626
Eginhard und Emma	635
Der unfreiwillige Spazierritt	644
Der vergebliche Versuch	651
Ein galantes Abenteuer	657
Das gestörte Rendezvous	665
Der Katzenjammer am Neujahrsmorgen	677
Der schöne Ritter	686
Der hastige Rausch	695
Münchener Bilderbogen	707
Naturgeschichtliches Alphabet	709
Die Maus	722
Der Bauer und der Windmüller	728
Die Fliege	744
Die beiden Enten und der Frosch	752

Der hohle Zahn	760
Das Rabennest	773
Der Bauer und sein Schwein	781
Diogenes und die bösen Buben von Korinth	794
Der Hahnenkampf	802
Die Rache des Elefanten	810
Zwei Diebe	816
Der Schnuller	828
Müller und Schornsteinfeger	838
Der Affe und der Schusterjunge	848
Der Bauer und das Kalb	864
Adelens Spaziergang	871
Der hinterlistige Heinrich	878
Der Virtuos	884
Der gewandte, kunstreiche Barbier und sein kluger Hund	892
Das warme Bad	900
Die Strafe der Faulheit	908
Der Lohn des Fleißes	914
Der neidische Handwerksbursch	922
Die feindlichen Nachbarn	928
Schmied und Teufel	934
Die Entführung aus dem Serail	943
Vetter Franz auf dem Esel	954
Die Brille	961
Die Folgen der Kraft	973
Der Wurstdieb	982
Die kühne Müllerstochter	988
Der Schreihals	993
Die Prise	1001